Edición Original:
Les Éditions d'Organisation

Título Original:
Comprendre la PNL

Traducción:
Marta Vassallo

COMPRENDER LA PNL

Bertrán 107, 08023 Barcelona,
España. Tel. 211-2112
Fax 418-4653
Lavalle 1634, 3º Piso - Buenos Aires - Argentina
Tels. 46-1456 / 49-0669

ISBN: 950-641-0116-6

Queda hecho el depósito que marca la ley 11.723
Impreso en Argentina - *Printed in Argentina*

Esta edición terminó de imprimirse en
VERLAP S.A. - Producciones Gráficas
Vieytes 1534 - Buenos Aires - Argentina
en el mes de junio de 1992.

CATHERINE CUDICIO

COMPRENDER LA PNL

La programación neurolingüística, herramienta de comunicación

EDICIONES GRANICA

A Patrice
A Jean
por su preciosa colaboración

CONTENIDO

PROLOGO

Quienes triunfan en el mundo de hoy, lo deben tanto a sus talentos específicos como a su habilidad para establecer una buena comunicación; expresen ideas o vendan productos tangibles, lo que cuenta es la calidad del mensaje, que garantiza la comprensión y brinda recursos para convencer.

Hoy disponemos de un instrumento para la comunicación: la PNL, que nos proporciona un conjunto de técnicas para mejor observar, desarrollar nuestras capacidades de percepción y presentar nuestros mensajes en función de las informaciones recogidas.

Este libro se dirige a quienes consideran a la comunicación como un elemento esencial de su actividad: formadores, jefes de empresa, asesores y, de un modo general, todas aquellas personas que desarrollan una actividad que tiene mucho que ver con el contacto humano, encontrarán medios simples y eficaces para resolver las dificultades que se presentan en su vida profesional o personal.

Deseo que quienes lean este libro miren luego de una manera diferente toda la tarea que se realiza en torno a la comunicación interpersonal; se conviertan en una escucha más eficaz para sus interlocutores, y utilicen medios prácticos para alcanzar sus objetivos a través de una mejor comprensión de los otros.

INTRODUCCION

El objetivo de este libro es presentar las bases de la **PNL** o **Programación Neurolingüística**, que se define como un conjunto de medios de estudio de la comunicación y de la estructura de la experiencia subjetiva. Como todas las aproximaciones psicológicas, la PNL se da como objetivo el logro de una mejor comprensión de las relaciones humanas. En el origen de la PNL, hay dos investigadores norteamericanos, el informático **Richard Bandler** y el psicólogo y lingüista **John Grinder**. Cuando se conocieron en 1972 en la Universidad de Santa Cruz en California, formaron un equipo que empezó a estudiar la estructura de lo que denominan la excelencia en la comunicación interpersonal.

Para **Bandler** y **Grinder** la excelencia es sinónimo de eficacia; su posición en psicología, por lo menos original, aparece más preocupada por el "cómo" que por el "por qué" de un comportamiento, una emoción o una estrategia. Los primeros resultados de ello han sido la puesta en evidencia de constantes en toda comunicación eficaz, y la elaboración de modelos que ya se pueden estudiar y poner en práctica.

El término **neuro** se refiere a nuestras percepciones sensoriales que determinan nuestro estado interior, tanto en el sentido estricto, neurológico, como en el sentido figurado, es decir, nuestro estado emocional subjetivo.

El término **lingüístico** se refiere a los medios de comunicación humana, es decir, el comportamiento verbal y no verbal; hay que remitirlo al comportamiento exterior que manifestamos para comunicarnos.

El término **programación** se refiere a nuestra aptitud para producir y aplicar programas de comportamiento, se remite a nuestra organización interior.

Para clarificar esta definición, tenemos que pensar en términos de sistema, es decir, que una percepción sensorial determina un estado interior que a su vez produce un comportamiento, que será percibido como un conjunto de informaciones sensoriales (ver, escuchar, sentir), generadoras de un estado interior y después de un comportamiento de respuesta.

Este esquema muestra que los diferentes puntos de referencia y estudio de la PNL: comportamiento exterior, estado interior, organización interior, están estrechamente vinculados entre sí. Por lo tanto, no se puede actuar sobre uno de ellos sin afectar a los otros dos. Cuando un estado interior produce un comportamiento exterior está siempre determinado por una organización o programación interior.

Estos tres elementos constituyen la esencia de la persona, se ponen en acción en el marco de otra estructura, la de los criterios, creencias y valores que el individuo aplica según los contextos de la interacción.

El objetivo de este libro es dar los puntos de referencia necesarios para una comunicación eficaz.

Comunicarse con eficacia, llegar a un punto óptimo en la comunicación, significa que hemos podido alcanzar el objetivo que nos habíamos fijado. La PNL ha estudiado el cómo de la excelencia y propone un conjunto de modelos y técnicas que permitan llegar a ella.

Es importante subrayar que la PNL no se presenta ni como una filosofía ni como una ideología, sino como una manera de estar atento a los demás, comprenderlos y respetarlos; se funda sobre los datos pasibles de observación que brinda la experiencia humana. La PNL se sitúa paralelamente a la mayoría de las aproximaciones psicológicas, no excluye a ninguna de ellas pero las completa de un modo útil. El especialista en análisis transaccional encontrará en la PNL recursos que le ayudarán en lo que ya practica. Las investigaciones llevadas a cabo por Bandler y Grinder no trataron nunca de probar ideas o teorías, el procedimiento es a la inversa, en el sentido de que partieron de la observación para llegar a un modelo pragmático.

Para situar la PNL en relación con sus fuentes, es importante saber que Bandler y Grinder observaron a especialistas de la comunicación terapéutica como Milton Erickson, conocido en el terreno de la hipnosis médica, Virginia Satir que practica terapias de familia y aproximación sistémica, Fritz Perls, fundador de la terapia Gestalt.

A partir del estudio profundizado de sus comportamientos en la interacción, se descubrieron los principales modelos de la PNL. A continuación, se convirtieron en objeto de estudio otros tipos de comportamiento que permitieron la aplicación de modelos de adquisición de competencias.

Estas investigaciones son dirigidas principalmente por **Leslie Cameron Bandler, Michael Lebeau** y **David Gordon**, quienes escribieron varios libros que demuestran que todos podían adquirir comportamientos considerados útiles en la vida de todos los días y en el contexto profesional.

La PNL se funda en algunos presupuestos que afirman por ejemplo que *todo comportamiento se orienta a la adaptación*, o que *comprendamos mejor lo que ya nos es familiar*, y sobre todo que *el mapa es diferente del territorio que representa*. Este último presupuesto se inspira en Korsybsky, cuyo pensamiento aplicado a la comunicación está contenido en el método denominado de semántica general.

La PNL se suma pues a las demás aproximaciones psicológicas de la comunicación, se sitúa en un procedimiento comportamentalista y sistémico. Esto quiere decir que quien pone en práctica las técnicas PNL sabe que su comportamiento influye sobre el de sus interlocutores y que al modificarlo provocará un cambio en ellos, dado que nuestro comportamiento se orienta a la adaptación.

Recordemos también que la PNL debe mucho a Carl Rogers en las nociones de empatía, contacto positivo y percepción de la realidad de los otros. Se remite también a la escuela de Palo Alto al inspirarse en el pensamiento y las investigaciones de Gregory Bateson en antropología y psicología, así como en las de Edward T. Hall, que considera a la cultura como un medio de comunicación y se interesa en la percepción subjetiva del tiempo y el espacio (proxemia).

Este libro se propone mostrar cómo se ilustran los presupuestos de la PNL, cuáles son los modelos prácticos que de ella se desprenden, y cómo pueden facilitar la comunicación; se dirige a todos aquellos para quienes es esencial transmitir un mensaje a sus socios de comunicación.

Voy a utilizar a veces el término de socio para designar a los personajes involucrados en la interacción, porque he tenido a menudo la oportunidad de formar comunicantes que al comienzo consideraban al "otro" como un adversario, un enemigo incluso, y sólo esperaban que cometiera una falta para ponerlo en evidencia. Este defecto es frecuente en los vendedores que tienen dificultades para salvar las objeciones.

Considero a la objeción como una información sobre el trabajo del comunicante; casi siempre significa que no hemos percibido el objetivo del socio, y tiene que incitarnos a cierta modestia, dado que debemos saber que no influimos directamente sobre los otros, y que para provocar un cambio hay dos condiciones indispensables: nuestros interlocutores tienen que permitírnoslo, y tenemos que aceptar la modificación de nuestros comportamientos, es decir, aplicar el principio siguiente: "si lo que usted hace no funciona, intente otra cosa".

Aquellos con quienes hacemos una transacción, o una negociación, nos ofrecen un margen de influencia, es decir, un límite dentro del cual están dispuestos a recibir nuestros argumentos, nuestra información, nuestros consejos, razón por la cual si superamos esa frontera corremos el riesgo de chocar con "objeciones" con "resistencias", o sencillamente con el vacío, porque nuestros mensajes no serán ni vistos ni escuchados.

La PNL propone modelos y estrategias fácilmente utilizables en la comunicación interpersonal y destinados a aumentar la eficacia de influencia de quienes la utilicen. No encaro aquí un tipo particular de comunicación como la venta, la enseñanza o la negociación, aun cuando los ejemplos mencionados hayan salido de esos terrenos, porque en la medida en que la transacción interpersonal se orienta a un objetivo, se pueden usar los datos aportados por la PNL, que ofrece una mirada nueva sobre el proceso y la estructura de la experiencia, en lugar de aventurar una interpretación.

Este libro presenta las principales técnicas de la PNL de la siguiente manera: el aspecto teórico en lo que concierne a la explicación y el pensamiento o presupuesto subyacente; el aspecto práctico dado por los ejemplos, los ejercicios y el procedimiento de utilización etapa por etapa.

Cualquiera sea el tipo de comunicación encarado, vamos a distinguir tres momentos en el proceso, aunque no sean evocados sistemáticamente:

– recoger las informaciones o **apuntar al objetivo**: la observación;

– aportar la información o **cercar el objetivo**: la intervención;

– verificar los resultados o **concluir**: poner a prueba.

Estos tres momentos son etapas que hacen entrar en juego varias clases de técnicas, algunas de las cuales son comunes a las tres, como la utilización de la agudeza sensorial, o el metamodelo del lenguaje (véanse los capítulos que siguen).

Para empezar, vamos a ilustrar el presupuesto básico de la PNL: *"el mapa es diferente del territorio que representa"* y vamos a definir entre otras la noción de elección y la de sistema de representación sensorial. También vamos a presentar las técnicas de selección del objetivo y las de contacto con el interlocutor.

En un segundo tiempo vamos a presentar los argumentos a favor de los siguientes presupuestos: "todo comportamiento se orienta a la adaptación" y "comprendemos mejor lo que nos es familiar"; estudiaremos las técnicas que permiten traducir nuestros propósitos al lenguaje del interlocutor y las que nos muestren sus estrategias, o el cómo de su pensamiento. Por último, vamos a mostrar cómo es posible gracias a la utilización de la agudeza sensorial verificar los resultados logrados cuando no existe prueba tangible del resultado positivo de la transacción.

Vamos a encarar la noción de tiempo bajo varios aspectos, a saber, la orientación individual en el tiempo y las técnicas de proyección en el futuro. Esta última parte resumirá otro de los presupuestos principales de la PNL, que afirma que ya poseemos los medios para cambiar o adaptarnos, o bien que nosotros creamos nuestra realidad.

Recordemos sin embargo que todos los modelos y las técnicas que presentamos aquí tienen su origen en los comportamientos pasibles de observación, es decir, que el lector probablemente encuentre modos de actuar cuya eficacia ya ha experimentado en la vida sin considerarlos por eso instrumentos, dado que los ubicaba bajo el rubro de intuición, de olfato, de talento, etcétera.

Advirtamos además que la PNL es todavía muy nueva en la actualidad, sólo tiene quince años en Estados Unidos, y su aparición en Francia se remonta a menos de diez, su campo de observación es amplio por no decir ambicioso, lo que nos permite pensar que pronto conoceremos otros descubrimientos y otras novedades.

CAPITULO 1

La selección de las informaciones: los sistemas de representación sensorial

1. "EL MAPA NO ES EL TERRITORIO"

El primer presupuesto sobre el que se funda la PNL afirma que el mapa es diferente del territorio que representa, es decir, que no actuamos directamente sobre lo que acostumbramos llamar realidad, sino sobre una representación de ella, nuestro mapa personal, que se caracteriza por diferir tanto de lo que quiere representar como de las otras representaciones del mismo modelo. Los ejemplos que ilustran este presupuesto abundan en la experiencia individual, donde los mismos acontecimientos son vividos de manera diametralmente opuesta, se trate de pasar un examen, de salir los fines de semana a las horas pico de la noche del viernes, o de cualquier otra experiencia. Nuestra manera de percibir la realidad puede inducirnos a error, llevarnos a testimonios sinceros pero discutibles, porque todo sucede como si cada uno de nosotros viera una imagen diferente de esa realidad. La objetividad no consiste entonces en describir lo que vemos sino en precisar qué clase de anteojos llevábamos en el momento de la observación. Ganaríamos en precisión con sólo conocer el modo como aprehenden la realidad quienes nos informan, cuál es su medio de percepción preferido, qué presupuestos emplean para fundar sus juicios o sus afirmaciones.

Dos personas testigos de un acontecimiento probablemente no retengan en su memoria los mismos elementos, y no empleen necesariamente tampoco los mismos medios sensoriales de selección de las informaciones.

Si usted formula la siguiente pregunta: ¿cómo sabe usted que era mediodía cuando usted asistió al incidente?, y le responden: Lo sé porque escuché la señal del mediodía, o bien: Lo sé porque miré mi reloj, o bien: Estoy seguro porque al mediodía siempre tengo un hueco, usted puede conjeturar que la persona que vio la hora tal vez pudo también oír la señal y tal vez también tuviera un hueco, la diferencia es que selecciona una sola información para fundamentar su afirmación y darle validez. En parte así es como se construyen los mapas individuales que representan la realidad sobre la que creemos actuar, y de esas diferencias procede la mayoría de las dificultades de comunicación. Es como si dos personas, una provista de la foto de la ladera norte y otra de la ladera sur de la misma montaña intentaran describirla a un extraterrestre. Las dos personas están hablando de lo mismo, pero tienen en ese sentido informaciones muy diferentes. Cada persona es diferente, cada mapa de la realidad difiere del mapa del otro. Esto resulta flagrante ante una persona surgida de una cultura que nos es ajena, pero pasa aproximadamente lo mismo con nuestros vecinos más cercanos.

Estas diferencias se revelan en la emergencia de conflictos, debidos en su mayor parte a que partimos del principio de que el otro posee las mismas referencias que nosotros, usa los mismos itinerarios de pensamiento y ya sabe lo que queremos decir. Por supuesto, está muy lejos de ser el caso.

El material que construye y viste el recuerdo de una experiencia compartida por varias personas difiere sensiblemente de un individuo a otro, a pesar de que cada cual parta del principio de que quienes hayan compartido una experiencia similar guardan aproximadamente los mismos recuerdos.

2. LA NOCION DE ELECCION

Si aplicamos el presupuesto que afirma que el mapa es diferente del territorio que representa, nos orientamos hacia la construcción del recuerdo, hacia la estructura de la experiencia, y entonces tomamos conciencia de que a cada momento procedemos a elegir entre las informaciones que nos llegan a través de los sentidos y que seleccionamos por su validez en función del objetivo o la acción en curso. Si busco una dirección en una ciudad que no conozco, prestaré especial atención a los indicadores que llevan el nombre o alguna información referida a esa dirección, omitiendo al mismo tiempo retener otras que no son pertinentes para mi objetivo.

Así, todas nuestras acciones conducen a elegir; aun cuando yo decida pasearme sin una meta precisa, sólo retendré conscientemente algunas de las informaciones que perciba. Cuando nos comunicamos con los demás, por lo general no tenemos en cuenta esta selección de información, tan aferrados estamos a la creencia de actuar sobre la misma realidad que el otro; sin embargo, la incomprensión y los malentendidos son otros tantos elementos que debieran aconsejar otros procedimientos cuando nos equivocamos de ruta. El problema de la incomunicabilidad puede esclarecerse en parte, si no resolverse, si nos tomamos el trabajo de interrogar sobre el cómo del pensamiento o la acción en lugar de intentar descubrir sus explicaciones, satisfactorias sin duda a nivel intelectual, pero cuya eficacia está por verse.

3. LA HERRAMIENTA BASICA: LA PERCEPCION

Vivimos en un mundo donde nos asaltan sin cesar múltiples mensajes que se dirigen a nuestros sentidos; sin embargo parecería que sólo los empleamos en parte y que además damos preferencia a uno de ellos.

Esto nos lleva a tomar conciencia de que no actuamos sobre el mundo exterior o sobre la realidad en tanto entidad sino sobre la representación que de ella construimos y cuya percepción es sensorial por definición.

La PNL se funda en el hecho de que **el mapa no es el territorio** (Korsybsky), lo que quiere decir que actuamos de acuerdo con nuestro mapa personal de la realidad y no sobre el territorio que él representa. Esto explica las complejidades de la comunicación humana, cada persona es diferente y posee su propio mapa de la realidad.

Aquí nos proponemos descubrir algunos modelos que permitan comprender la manera como se construyen los mapas que utilizan las personas. Esos modelos nos van a servir para adaptarnos mejor, para transmitir mejor las informaciones que deseamos comunicar, se trata de una relación de ayuda, de venta, de negociación, de enseñanza u otro tipo de interacción.

4. LOS SISTEMAS DE REPRESENTACION SENSORIAL

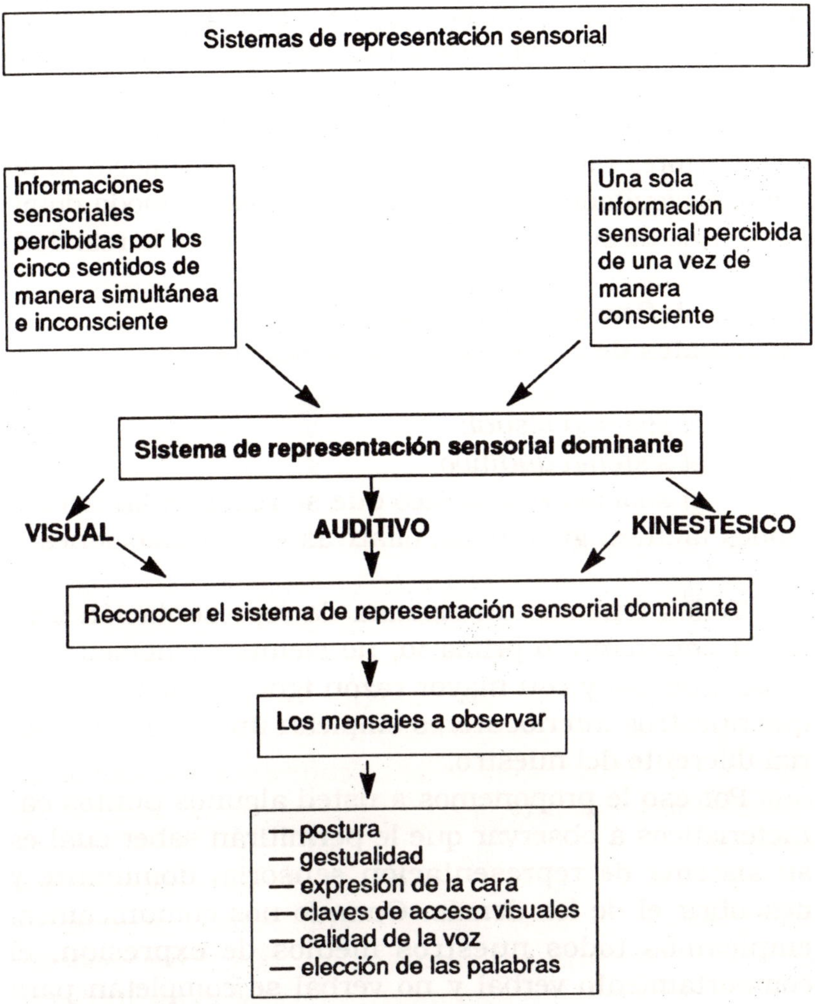

Como lo muestra este cuadro, las informaciones procedentes del mundo exterior son percibidas simultáneamente por todos nuestros sentidos, pero esto sucede a un nivel inconsciente, mientras que conscientemente sólo percibimos una sola información por vez. Por ejemplo, cuando dormimos no dejan de funcionar nuestros oídos, y sin embargo no tenemos conciencia de ello. Asimismo, en la vigilia no prestamos atención conscientemente más que a uno solo de nuestros sentidos a la vez, y sin embargo pasamos muy rápidamente de uno a otro.

Factores diversos van a intrincarse para llegar al siguiente resultado: el ser humano emplea de modo dominante uno de sus sentidos para representarse la realidad.

La PNL define tres sistemas principales de representación sensorial

— *el sistema visual;*
— *el sistema auditivo;*
— *el sistema kinestésico* que se refiere a las sensaciones táctiles, gustativas, olfativas y a las emociones.

Todos tenemos un sistema de representación sensorial dominante o primario, no siempre tenemos conciencia de eso y con mayor razón ignoramos a menudo que nuestros interlocutores emplean un sistema sensorial diferente del nuestro.

Por eso le proponemos a usted algunos puntos característicos a observar que le permitirán saber cuál es su sistema de representación sensorial dominante y descubrir el de los demás. Cuando nos comunicamos, empleamos todos nuestros medios de expresión, el comportamiento verbal y no verbal se completan para formar nuestros mensajes. Los sistemas de representación sensorial se revelan en el comportamiento. Se han podido observar constantes y construir modelos para poner en evidencia el sistema de representación sensorial empleado.

Antes de continuar, se impone una observación importante: aunque tengamos un sistema sensorial dominante, esto no nos impide utilizar otros, una persona puede muy bien tener una dominante visual y funcionar kinestésicamente según los contextos.

Sistema de representación sensorial y comportamiento

Visual →	– postura algo rígida – movimientos hacia arriba – respiración superficial y rápida – voz aguda, ritmo rápido, entrecortado – palabras visuales
Auditivo →	– postura distendida – posición de escucha "telefónica" – respiración bastante amplia – voz bien timbrada, ritmo mediano – palabras auditivas
Kinestésico →	– postura muy distendida – movimientos que miman las palabras – respiración profunda, amplia – voz grave, ritmo lento con muchas pausas – referencias a las sensaciones en la elección de las palabras

5. LAS CLAVES DE ACCESO VISUALES

Las claves de acceso visuales

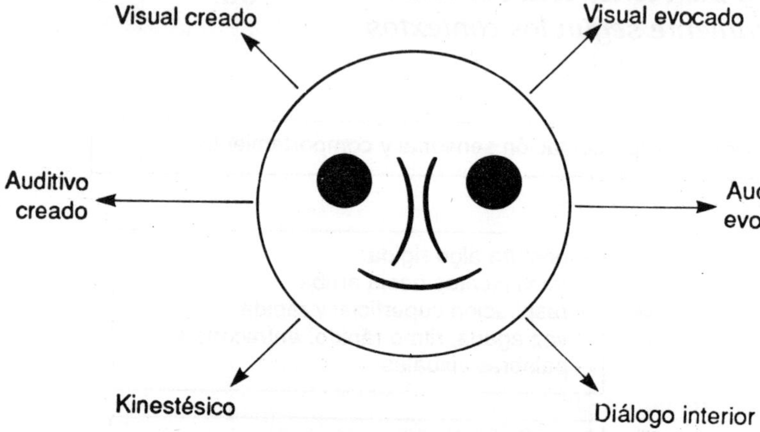

Esquema válido para el 95% de los diestros, generalmente invertido en los zurdos

La observación de las secuencias de las claves de acceso visuales da acceso a las estrategias.

La observación de los movimientos involuntarios de los ojos permite conocer los procesos del pensamiento; si observamos que la mirada de la persona se desplaza hacia lo alto y hacia la derecha, quiere decir que se acuerda de las imágenes; si mira hacia lo alto y hacia la izquierda construye imágenes; si la mirada se fija indica que la persona siempre reflexiona por medio de imágenes.

Si observamos que la mirada se dirige lateralmente a la derecha, eso quiere decir que la persona se acuerda de los sonidos (conversaciones, música, ruidos...), si la mirada se dirige a la izquierda crea sonidos, y cuando mira hacia abajo y hacia la derecha significa que está en diálogo interior, reflexiona bajo la forma de una conversación consigo misma.

Si la persona dirige la mirada hacia abajo y hacia la izquierda, quiere decir que funciona según un modo kinestésico, es decir, que atiende a las sensaciones: emociones o sensaciones táctiles, o incluso gustativas y olfativas.

El modelo de las claves de acceso visual, la observación del comportamiento global, nos permiten descubrir el sistema de representación sensorial que emplean los interlocutores.

Sin embargo, hay otro nivel de observación, que es la elección de las palabras.

Las palabras que utiliza la persona para describir su experiencia subjetiva darán cuenta del sistema sensorial dominante en esta experiencia.

Recordemos sin embargo que estas características no están allí para etiquetar comportamientos sino solamente para ayudarlo a usted, para que lo orienten a saber al instante dónde está en contacto con su interlocutor, si emplea un modo visual, auditivo o kinestésico para recoger sus informaciones y comunicarse.

Proponemos estas palabras a título de ejemplo, algunas se pueden interpretar de modos diferentes según el contexto. Lo visual, auditivo o kinestésico en una experiencia es la vivencia subjetiva de las personas; participan todos los sentidos. Lo importante es saber cuál es el lugar otorgado a cada uno de ellos por quien expresa su vivencia.

Algunas palabras para describir la experiencia subjetiva:

Visual	Auditivo	Kinestésico
ver	escuchar	sentir
a primera vista	si oí bien	sentido común
evidentemente	prestar oído	los pies en la tierra
visiblemente	con el oído alerta	calor
claro	hacer el sordo	tibieza
luminoso	hacer eco	frialdad
esclarecer	campanada	el corazón en la mano
aclarar	estar a tono	tomar a pecho
objetivo	jugar con toda la gama	contacto
perspectiva	grito agudo	es como para comérselo
ilustrar	aullar	huele a chamusquina
pintoresco	hablar, decir	pesado
brumoso	sonar falso, verdadero	
lúcido	oír	liviano
clarividente	oír voces	choque
lugar común	faire des messes basses	asir
ilusión	armonía	tener olfato
espejismo	orquesta	experimentar
ver la vida color de rosa	nota falsa	ressentir

6. OBSERVAR LAS ESTRATEGIAS

Bajo el esquema que describe las claves de acceso visual figura la siguiente advertencia: *la observación de las secuencias de las claves de acceso visuales da acceso a las estrategias.* En el curso de la conversación, es posible advertir que cuando el interlocutor reflexiona y se expresa, las claves de acceso visuales cambian continuamente. Una persona que recuerda una experiencia, que busca una respuesta a la pregunta que usted acaba de formular, muestra secuencias que se reiteran, de modo que usted puede ver reproducirse los mismos encadenamientos al nivel de las claves de acceso visuales. Por ejemplo, puede pasar de lo visual evocado a lo visual construido, después al diálogo interior y por último a lo kinestésico. Esto define lo que la PNL denomina una estrategia.

El hecho más notable es que por lo general poseemos sólo una estrategia de actividad. Aun cuando no nos demos cuenta, cuando se trata de tomar una decisión empleamos la misma estrategia, se trate de comprar una camisa o de mudarnos.

Como lo mostramos antes, hay un segundo nivel de observación en la puesta en evidencia de la estrategia: es la elección de las palabras con referencia sensorial.

Las dos observaciones se completan, dado que una viene a confirmar a la otra. En una estrategia se distinguen tres etapas: la entrada, las operaciones y la salida. Lo que observamos se sitúa primordialmente en el plano de la forma, es decir, del modo sensorial empleado en cada etapa.

Esta observación nos permite saber cómo, con cuál sistema de representación sensorial, vamos a presentar nuestra información a nuestro interlocutor, porque es ostensible que si utilizamos, si respetamos la secuencia de su estrategia, va a comprender mucho más fácilmente lo que tenemos que decirle.

Ejemplo

P: Ronan, ¿compró algo recientemente?

R: Sí, una radio despertador, para regalar.

P: ¿Cómo la eligió?

R: En primer lugar sabía que la persona la necesitaba. Me lo había dicho. Después busqué una y cuando la encontré la compré.

P: ¿Qué espera usted de una radio despertador según sus deseos?

R: Primero tiene que ser sólida, tiene que tener buena calidad sonora, tiene que ser bonita y de un precio razonable.

P: ¿Cómo puede saber que una radio despertador es sólida?

R: (Hace el movimiento de tomar el aparato y sopesarlo). Eso se siente.

P: ¿Comparó varias radio despertador?

R: Sí, elegí la más fuerte.

P: ¿Está satisfecho de la compra?

R: Sí, pensé que había hecho un buen negocio.

Esto muestra que la estrategia de decisión de compra de Ronan aparece con claridad. La entrada es auditiva, quiere hacer un regalo a una persona que le dice con precisión lo que quiere. Esto basta para que tome la decisión de comprarlo.

Después, busca un objeto que corresponda a sus propios criterios, es decir, siguiendo el orden que él mismo da: solidez, calidad sonora, aspecto. Esta jerarquía nos indica que para Ronan lo más importante, la solidez, se define de modo kinestésico, en segundo lugar emplea el modo auditivo (calidad sonora) y por último se interesa en el aspecto del objeto, en una información visual. En caso de duda, puede hacer comparaciones entre estos tres tipos de información, pero la que predomina en su decisión es la que concierne al sistema kinestésico.

La salida de la estrategia se desarrolla de modo auditivo, se trata de un diálogo interior positivo. En este ejemplo Ronan no lo ha precisado, pero ese diálogo interior se acompaña de un estado interior positivo que se manifiesta de modo kinestésico.

Es importante reconocer la salida positiva de la toma de decisión, informa con precisión acerca del estado interior de la persona. Si tuviéramos que venderle otro objeto a Ronan, para convencerlo habría que respetar su estrategia presentándole nuestra argumentación, y al hacerlo ganaríamos en posibilidades.

De modo general, las estrategias de toma de decisión, de resolución de un problema, culminan con una salida en forma de diálogo interior positivo o de sensación kinestésica positiva.

Ahora vamos a estudiar cómo observar un estado interior representado por un comportamiento exterior. La PNL utiliza el término "calibrar".

7. EL CALIBRAJE

Si se le pide que piense en algo agradable, usted revivirá parcialmente una experiencia en cuyo curso tuvo sensaciones positivas, y al hacerlo, al pensar en ellas, mostrará signos que para usted caracterizan esa experiencia.

Esos signos son pasibles de observación primero a nivel visual:

– la expresión del rostro (el tono de los músculos cutáneos), el color, las claves de acceso visuales, los movimientos, la postura.

En segundo lugar, pasibles de observación a nivel auditivo:

– la calidad de la voz (tono, ritmo, volumen);

– la elección de las palabras y el contenido del discurso.

A nivel kinestésico, también hay observaciones táctiles (calor y tono) que son fuente de información: el apretón de manos.

El conjunto de estas señales, la presencia de modificaciones en el comportamiento exterior, permitirá sacar una especie de fotografía imaginaria de la persona que observamos en un momento preciso de su experiencia. Si se trata de una experiencia agradable, sabrá cómo reconocer un estado positivo en su interlocutor.

8. EJERCICIOS

Los ejercicios que siguen tienen como objetivo mostrar que percibimos un conjunto de informaciones sensoriales, pero que sólo retenemos a algunas como pertinentes; están destinados a ilustrar las nociones que desarrollamos en este capítulo. En un nivel práctico, se pueden hacer individualmente, o bien en el marco de un trabajo en grupo.

Ejercicio 1: De a dos

—Pídale a su interlocutor que piense en algo que forma realmente parte de su experiencia en su historia personal y calibre.

—Haga un intermedio.

—Pídale que piense en algo que no forma parte de su experiencia personal, después calibre.

—Ahora hágale preguntas cuya respuesta sólo pueda ser Sí o No. Por ejemplo: ¿fue a Estados Unidos? o bien; ¿practicó yoga? Provisto de las informaciones logradas gracias al calibraje ya efectuado, trate de establecer si su interlocutor dice la verdad o no.

—Cambie de papel después de haber formulado diez preguntas.

Ejercicio 2: Selección de informaciones

— Mire a su alrededor: ¿cuántos colores diferentes

ve, qué formas puede distinguir en el medio donde se encuentra?

—Menciónelas en el orden en que aparecen.

—Compare su experiencia con la de las personas que lo rodean.

—Escuche con atención los ruidos que lo rodean. ¿Cuáles oye?

Haga el mismo trabajo que hizo con los colores y las formas.

—Ahora trate de sentir la posición de su cuerpo. ¿Qué sensaciones experimenta?

Ejercicio 3: En grupos de a tres, A, B y C

—**A** le pide a **B** que recuerde un acontecimiento lo bastante banal como para que **C** pueda tener una experiencia similar (por ejemplo tomar el tren).

—**A** le pide a **B** que describa lo que vio, **C** responde por sí a esa pregunta y después compara su respuesta con la de **B**.

—**A** le pide a **C** que describa lo que escuchó, **B** responde por sí a esa pregunta y compara su respuesta con la de **C**.

—**A** pide a **B** y a **C** que describan las sensaciones que percibieron en esta experiencia.

—**A** recapitula lo dicho y subraya las semejanzas y diferencias que existen entre las experiencias subjetivas de **B** y **C**.

Ejercicio 4: Selección de informaciones

—El señor **X**, que no tiene reloj de pulsera, cita a la señora **Y** a las cuatro en una plaza. Cuando ella llega le hace notar que llega con atraso.

Si usted fuera el señor **X**, ¿cómo haría para afirmar eso?

El objetivo de este ejercicio no es encontrar una

solución complicada, sino destacar cuál información sensorial se intentará hallar para validar la afirmación.

Ejercicio 5

– Usted se pasea por un lugar que no conoce bien, y bruscamente se da cuenta de que se ha perdido.

– ¿Cómo sabe que está perdido?

– ¿Cuáles son los elementos de información presentes a su alrededor que le demuestran que está perdido?

– ¿Cómo piensa hacer para volver a encontrar su camino?

– ¿Cómo sabrá que lo ha encontrado? ¿Cuáles serán los elementos de información presentes a su alrededor que puedan probárselo?

Ejercicio 6

Se encuentra con una persona que afirma haber ido a visitar un lugar preciso que usted también conoce:

– ¿Cómo hace para verificar que esa persona dice la verdad?

– ¿Cuáles son los elementos presentes en el recuerdo que esta persona tiene de la experiencia y que le prueban que realmente ha estado en ese lugar?

– ¿Cuáles son las diferencias entre la descripción de su experiencia y la suya que lo incitan a creer que no dice la verdad?

– ¿Qué experimenta usted si la persona le hace notar elementos referidos a la experiencia que no están presentes en su recuerdo?

– Compare su recuerdo con el de otra persona, subraye las similitudes y diferencias.

Ejercicio 7: Grupos de tres personas A, B y C

—**A** explica a **B** con abundancia de detalles un problema y su solución (cómo ir de un lugar a otro, por ejemplo).

—**B** escucha atentamente, y después explica la solución de este problema a **C** que no asistió a la etapa anterior.

—**C** expone el problema y su solución a **A** y **B**.

—**A** y **B** subrayan similitudes y diferencias entre la primera versión del problema y la que da **C**.

—**A, B** y **C** tratan de establecer cuáles son las similitudes, o las características de los detalles que retiene **B** de la exposición de **A**, y las que retiene **C** de la exposición de **B** (estudiar las semejanzas en relación con sus referencias a los sistemas de representación, a un sistema de valores o a creencias y presupuestos).

Ejercicio 8: En grupos de a tres, A, B y C

—**A** pide a **B** informaciones acerca de una persona que uno y otro conocen, pero que se supone que **A** no ha visto desde hace años.

—**B** contesta a las preguntas de **A** con abundancia de detalles.

—**C** observa y escucha, después le hace a **B** las preguntas que **A** se habría olvidado de formular; siempre de acuerdo con su opinión personal, verifica si **B** aporta en sus respuestas las informaciones necesarias.

—Entre todas estas informaciones, **A, B** y **C** eligen las que le parecen más útiles (clasificarlas por orden de importancia en una lista).

—**A, B** y **C** comparan sus listas y subrayan las diferencias y semejanzas (la clasificación de estas informaciones según ellos ¿aporta aclaraciones sobre la orientación de la persona en relación con un sistema de valores, creencias o presupuestos? ¿Cuáles son las informaciones relativas a lo sensorial que se han retenido? ¿Se las puede considerar significativas de una orientación dominante de la persona?).

CAPITULO 2

Establecer un contacto positivo: la relación

1. TOMAR CONTACTO, ENTABLAR LA RELACION

Usted ya sabe cómo observar. Su agudeza sensorial se desarrollará en la medida en que usted se ejercite en prestar atención a signos que no acostumbra advertir.

Entre ellos existe un fenómeno natural a la interacción humana y del que sin embargo no siempre somos conscientes: es el mimetismo conductual que surge cada vez que la comunicación circula entre dos o más individuos. La PNL da a ese fenómeno el nombre de **relación.**

Si usted mira a dos personas que conversan, se dará cuenta muy rápidamente de que tienen actitudes similares; más precisamente, las posturas y movimientos están en armonía, sincronizados en cierto modo; si usted puede escuchar la conversación advertirá también que las voces se acuerdan, en tono, volumen, ritmo, entonaciones y en la elección de las palabras.

Lo que es más digno de destacar todavía, todo pasa como si alternativamente una de las dos personas guiara a la otra; una cambia de postura o de ritmo vocal y la otra la sigue. La PNL define esto con el término **"conducir"**.

Cualquiera sea el objetivo de la conversación, la relación es imprescindible, es decir, sin ella es imposible alcanzar el objetivo, porque en su ausencia no circula la comunicación.

Todos sabemos cómo se desarrolla una conversación fructífera, interesante para todos los interlocutores; ya hemos experimentado la impresión de que nuestros interlocutores nos entienden perfectamente y de que los comprendemos. Cuando eso sucede, algunos de nosotros podemos decirnos que tenemos buen contacto con esta o aquella persona, y que resulta del azar.

Si es exacto que las afinidades existen entre las personas, no es menos cierto que con las técnicas de relación se pueden crear buenos contactos.

Podemos definir la relación como un clima de confianza entre los interlocutores; ese clima no implica sin embargo una connotación afectiva, y una persona no está obligada a amar a otra para comunicarse bien con ella. Le sean o no simpáticos sus interlocutores, pronto estará en condiciones de construir las condiciones para la relación.

En un primer momento vamos a aprender a sintonizar con el otro, es decir, a adoptar un comportamiento que refleje el de nuestro interlocutor. En un segundo momento, a tomar la iniciativa, es decir, a conducir al interlocutor.

Estas técnicas se ponen en práctica tanto a nivel verbal como no verbal.

2. LA DISTANCIA

Sin embargo, antes de empezar los ejercicios específicos de relación, tenemos que tomar conciencia de cuál es la distancia adecuada. En efecto, si nos encontramos con alguien por primera vez, estamos en la situación de un explorador que descubre un nuevo continente, y lo primero a lo que necesitamos adaptarnos es a la distancia de nuestro interlocutor.

Ejercicio 9: De a dos

— Su interlocutor se mantiene inmóvil, usted va a modificar su distancia respecto de él y tratará de sentir en qué modifica eso su experiencia.

— Según que la distancia entre ustedes sea más o menos grande, ¿qué tipo de vínculo puede estar en juego?

— Si es su interlocutor quien modifica su distancia respecto de usted, ¿qué siente?

— Cuando haya explorado estos puntos, cambie de papel.

Este cuadro nos muestra los puntos que hemos de observar y lo que debemos reflejar en el comportamiento del interlocutor para entablar la relación.

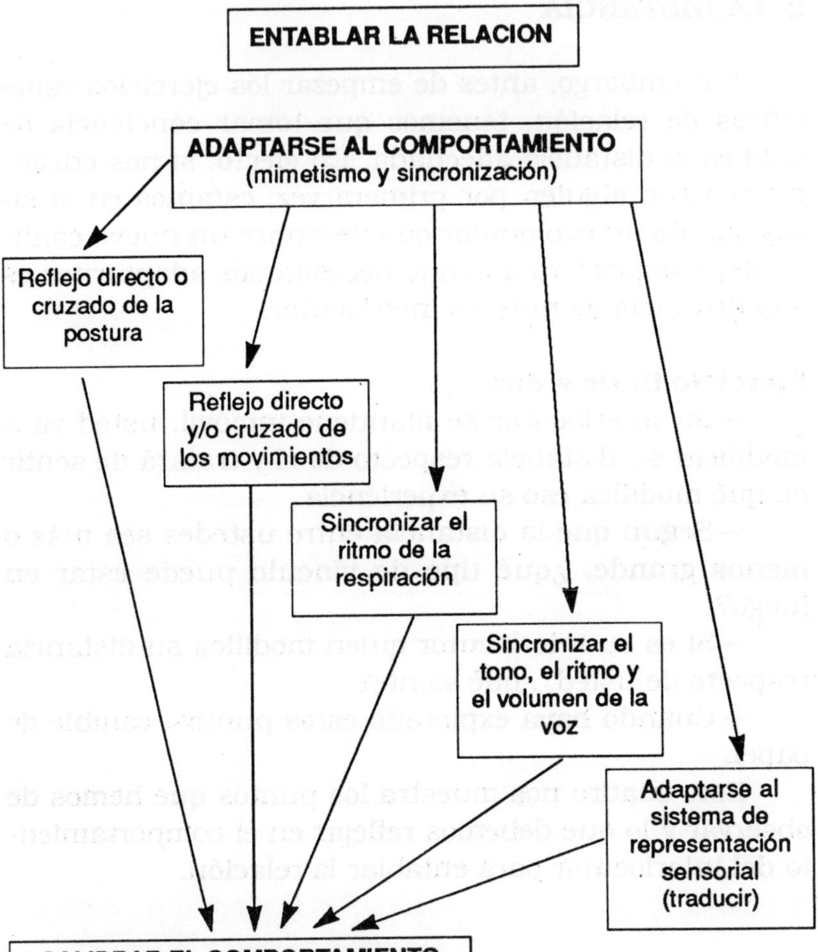

Más allá de las distancias interindividuales específicas de una cultura,[1] existen sensibles diferencias entre los individuos. Algunos desean casi tocarnos para tener

[1] Léanse a propósito de esto los libros de Edward T. Hall, *La dimensión cachée* y *Le langage silenciaux.*

la sensación de que los comprendemos, otros se alejan tanto de nosotros para sentirse cómodos que nos sentimos casi obligados a levantar la voz para expresarnos.

Tuve de clienta a una delegada médica que me explicaba que tenía una relación excelente con los médicos a quienes visitaba menos con uno. Iba a verlo regularmente desde hacía años, y había probado todo, sin resultados; el médico en cuestión seguía siendo indiferente, no pronunciaba una palabra en el cuarto de hora que duraba la visita; mi cliente salía incómoda del consultorio, no entendía cómo sucedía eso.

Yo le pedía a mi cliente que me explicara con precisión cómo se desarrollaban las entrevistas, necesitaba conocer todos los detalles. Trabajamos sobre la base del desempeño de papeles, ella representaba el suyo y yo el del médico. Mi cliente me había descripto tan bien las actitudes, como buena observadora que era, que comprendí rápidamente lo que pasaba. Acostumbraba desplegar la documentación sobre el escritorio de la persona a quien visitaba para mostrársela de cerca; por eso mismo, se inclinaba hacia adelante al hacer comentarios y disminuía la distancia. Con todos los demás clientes esta actitud daba buenos resultados de conjunto, pero en este caso particular, cada vez que mi cliente avanzaba el otro retrocedía, y terminaba la entrevista con la espalda contra el respaldo de su sillón, lo más lejos posible del escritorio.

Aconsejé a mi cliente que no apoyara nada sobre el escritorio en la próxima visita, y que permaneciera sentada derecha en su silla. Por primera vez en seis años el cliente se mostró amable.

Ejercicio 10

Observe a dos personas que conversan y trate de saber si entre ellas se ha entablado la relación.

—En caso de que así sea, ¿qué es lo que le permite saberlo?

—En caso de que no, ¿qué es lo que le permite afirmarlo?

3. MIMETISMO CONDUCTUAL

Si los fenómenos de mimetismo conductual aparecen naturalmente en la interacción humana, podemos darles los últimos toques practicando las técnicas de relación. La PNL nos dice que comprendemos mejor lo que nos es familiar; así, cuando nuestro comportamiento se acuerda con el de nuestro interlocutor, por una parte él nos comprende mejor y por otra nosotros comprendemos mejor lo que quiere comunicarnos.

1. Reflejar la postura

Una vez concretada la adaptación a la distancia, para reflejar la postura usted ha de adoptar una que esté de acuerdo con la de su interlocutor. Puede hacer de ella un reflejo directo o cruzado, lo importante es que su postura se parezca a la de su interlocutor.

2. Reflejar los movimientos

También aquí se trata de adaptarse a la gestualidad del interlocutor sin remedarla rigurosamente, porque sería una torpeza. Si su interlocutor apoya las frases con grandes movimientos, usted puede conformarse con reflejar su ritmo asintiendo con la cabeza.

3. Acomodarse al ritmo de la respiración

Esta vez se trata de una técnica muy particular y singularmente eficaz para entablar la relación. Cuando usted respira al mismo ritmo que su interlocutor, es un poco como si viviera al mismo ritmo, cosa que pasa inadvertida al otro porque la respiración es una función en parte inconsciente. Esta técnica le permite hablar al mismo ritmo que su interlocutor, lo cual reviste una importancia primordial.

4. Adaptarse a la voz

Si usted sincroniza el ritmo de la respiración acompañar con la voz es un juego, dado que la voz depende directamente de la cantidad de aire que respiramos.

Por otra parte, no tenemos conciencia del sonido que escucha el otro en el momento en que le hablamos; por eso nuestros interlocutores no tienen prácticamente ninguna posibilidad de descubrir que ensamblamos con su voz si lo hacemos con suficiente discreción.

Cuando se trata de acomodarnos a la voz, quiere decir a su ritmo, su volumen y su tono.

4. AJUSTARSE AL SISTEMA DE REPRESENTACION SENSORIAL

Vimos antes que el sistema de representación sensorial empleado supone una utilización selectiva de términos que describen una experiencia subjetiva en términos sensoriales.

La elección de los términos está en estrecha relación con las claves de acceso visuales; la observación de unas permite verificar las otras y viceversa. Cuando entablamos la relación con una persona, no se trata solamente de los mensajes no verbales sino también de los verbales. Así, cuando su interlocutor emplea términos visuales, se trata de responderle en términos visuales y así sucesivamente, tal como lo describimos en el párrafo referido a las estrategias.

5. EJERCICIOS

Ejercicio 11: En grupos de tres: un sujeto, un actor y un testigo

—El sujeto conversa con el actor.

—El actor cambia de postura y hace gestos en el curso de la conversación.

—El papel del testigo consiste en advertirlo y registrar si el sujeto se adapta o no a los cambios.

—Turnarse.

Ejercicio 12: En grupos de tres: un sujeto, un actor y un testigo

—El sujeto dice una frase.

—El actor debe repetir la frase reflejando la calidad de la voz y el ritmo de la respiración.

—El testigo verifica.

—Turnarse cinco o seis veces, aumentando la duración del mensaje inicial (al final el sujeto puede contar una historia breve, en cuyo caso el actor no tiene que repetir palabra por palabra sino conformarse con reflejar la forma del mensaje y de la voz).

Ejercicio 13: Grupos de tres: un sujeto, un actor y un testigo

—El sujeto cuenta una historia en términos visuales.

—El testigo le responde con términos visuales.

—Él actor traduce en términos auditivos.

—Se turnan hasta que cada cual haya experimentado la sintonización y la traducción de los tres sistemas de representación sensorial. El objetivo de este ejercicio es llevar a los participantes a tomar conciencia de su sistema de representación sensorial dominante, el que les es más fácil y más natural utilizar.

Ejercicio 14: Grupos de tres: un sujeto, un actor y un testigo

—El sujeto cuenta una experiencia en términos visuales.

—El actor cuenta la misma experiencia en términos auditivos.

—El testigo cuenta la misma experiencia en términos kinestésicos.

—Se turnan cambiando de experiencia de manera que cada cual haya experimentado los tres sistemas de representación sensorial.

Ejercicio 15: Acordarse y conducir (verificar la distancia adecuada)
Grupos de tres personas. A, B y C

1. **A** se encuentra con **B** y empieza a hablarle. **B** le responde.

2. **C** observa y verifica si se ha entablado la relación (distancia, mimetismo conductual, elección de los términos).

—¿Quién parece conducir el juego?

—¿Hay un líder? ¿El papel de líder cambia? En caso de que sí, ¿cuándo y cómo?

—¿Cuál de los dos parece adaptarse a la distancia que da el otro?

—¿Existen reacciones que expresen malestar cuando uno de los dos se aleja o se acerca al otro?

3. **C** comunica sus observaciones a **A** y **B** y ellos las verifican juntos; ¿lo percibido por **C** coincide con lo vivido por **A** y **B**?

4. Se turnan.

Entablar la relación adaptando el propio comportamiento al del otro es en cierto modo ponernos un poco en su lugar compartiendo su experiencia; también es una manera de mostrar respeto por los interlocutores, y sobre todo es un medio eficaz para comprenderlos. Para verificar que la relación está entablada existen al menos dos maneras de proceder: la primera se aplica casi instantáneamente, se trata de saber si las personas involucradas en la comunicación se sienten cómodas; es una verificación kinestésica y por lo general puede bastar, aunque sea más prudente comparar nuestra sensación con lo que percibimos del otro.

La otra verificación, la más segura a mi juicio, consiste en probar al interlocutor para verificar si se lo puede conducir o no, en el sentido que a ese término le da la PNL; por ejemplo, si al cambiar usted de postura su interlocutor lo sigue en un lapso de treinta segundos significa que usted conduce, en caso contrario usted debe reforzar la relación y verificarla de nuevo un poco más tarde.

Ejercicio 16. Aquí tenemos una serie de frases orientadas sobre el modo visual, auditivo o kinestésico. El ejercicio consiste:

1) En encontrar una respuesta en el sistema sensorial empleado.

2) En traducirlo a los otros dos.

—Veo lo que usted quiere decir

1) acordarse;

2) traducir;

3) traducir.

—Póngase en la misma longitud de ondas

1) acordarse;

2) traducir;

3) traducir.

—Actúa como si no me viera
1) acordarse;
2) traducir;
3) traducir.

—Deseo conservar el contacto con el señor Dupont
1) acordarse;
2) traducir;
3) traducir.

—Me llegaron sólo comentarios favorables sobre él
1) acordarse;
2) traducir;
3) traducir.

—Tiene expectativas sobre ella
1) acordarse;
2) traducir;
3) traducir.

CAPITULO 3

Saber expresar lo que se quiere: el metamodelo para el lenguaje

1. LOS OBJETIVOS

Cualquiera sea el estilo de comunicación en juego, para alcanzar el resultado deseado es imperioso tener un objetivo. Si no tiene objetivo, usted anda a tientas; por otra parte es un objetivo aceptable, depende de lo que usted quiera.

Las personas que logran lo que se proponen comparten una característica: son capaces de definir con precisión su objetivo. Cuanta mayor sea la claridad con que se expresa el objetivo, mayores son las posibilidades de alcanzarlo. Cuando usted logra dar una definición muy explícita de lo que quiere, además se está dando los medios para acceder al objetivo. La PNL nos enseña que para definir un objetivo lo mejor posible, hay que lograr construir de él una imagen que debe manifestarse de una sola manera, esto es, clara, concreta y positiva. Si admitimos que un objetivo a alcanzar es la libertad, tenemos que preguntarnos sobre la significación concreta de este término. ¿Se trata por ejemplo de ser libre para organizar su tiempo? ¿O para elegir a sus amigos?

En el curso de una encuesta a propósito de las estrategias de logro interrogué a una mujer que posee ostensiblemente el talento de conseguir lo que se propone. Cuando le pregunto cómo hace me responde:

– Lo que importa ante todo es saber adónde voy pero también cuál es el punto de partida.

Insisto a propósito del punto de partida:

– Sí, hay que ser consciente de lo que uno ya ha hecho antes de emprender algo. Por ejemplo, sé que hay actividades, como el deporte, que no quiero hacer porque me exige una energía que no puedo lograr.

Un poco después precisa:

– Cuando decido hacer algo, preparo todo por anticipado en mi espíritu. Cuando me espera una discusión difícil, preveo por anticipado todas las objeciones que se me podrían hacer y les encuentro una solución. Reúno el máximo de información, todo es como si tuviera en la cabeza una pequeña cámara que lo registra todo, de modo que cuando pongo en marcha mis proyectos me siento verdaderamente dispuesta.

Esta persona nos da una idea de su estrategia, insiste mucho en el hecho de que necesita un máximo de datos concretos (sensoriales) antes de ponerse en acción, todos esos datos dan cuerpo a su objetivo. Mentalmente, se anticipa a los problemas, encara las consecuencias de su objetivo y efectúa una ubicación en el futuro. Estas son las condiciones necesarias para la elaboración de un objetivo ecológico (las consecuencias del objetivo están de acuerdo con el mundo de la persona), y para su realización positiva.

La PNL propone lo que denomina una estrategia de objetivo que comprende siete preguntas básicas a partir de las cuales tendremos una idea precisa de lo que queremos o de lo que quiere la persona a quien le formulamos las preguntas.

La tendencia general de estas preguntas es permitirnos conocer el **cómo** más que el **porqué**, es decir, un objetivo definido en términos de proceso y no de racionalización o justificación. Estas preguntas fueron seleccionadas en función de su eficacia, está demostrado que los comunicantes más hábiles (observados en el terreno de la psicoterapia, la venta, la negociación) las utilizan sistemáticamente.

Las preguntas básicas que proponemos aquí no son para utilizar textualmente, incluso habrá que adaptarlas al contenido de la entrevista; son para tenerlas presentes en la memoria, su sentido es dar al interrogatorio una línea estratégica.

—**¿Qué quiere?**
—**¿Cómo sabrá que lo ha logrado?**
—**¿Cómo lo sabrá el otro?**
—**¿Qué pasará cuando lo haya conseguido?**
—**¿Qué es lo que le impide conseguirlo?**
—**¿Cuándo lo quiere?**
—**¿Qué podría perder obteniéndolo?**

Estas preguntas son de doble uso, es decir, conviene formularlas en forma de diálogo interior tanto como formularlas a un intelocutor bajo la forma adecuada; pero cualquiera sea la forma de la pregunta, es importante aceptar las respuestas con cierto filtro destinado a evitar malentendidos.

1. Aceptar solamente respuestas formuladas positivamente

La negación es una creación abstracta. Si tomamos un ejemplo en los animales, el perro no puede comunicar el mensaje "No voy a atacar" sin antes simular un comportamiento de agresión. Cuando queremos significar que algo está prohibido nos vemos obligados a emplear una representación de lo que queremos prohibir con algún signo reconocido como una negociación. Esto nos conduce a preferir un estilo directo, y cuando escuchamos una respuesta del tipo "No quiero X...", preguntamos automáticamente (al menos al nivel de nuestro diálogo interior porque nuestra intuición puede llevarnos a dejar voluntariamente a la sombra el objetivo del otro) "¿Qué quiere en lugar de eso?".

2. Preferir las respuestas expresadas en términos concretos

Cuanto más haga descender el nivel de abstracción de las respuestas de su interlocutor, más disminuirá las posibilidades de ambigüedad que suelen ser fuente de problemas o conflitos. Cuando planteamos la pregunta:

—¿Cómo sabrá que ha alcanzado su objetivo?, queremos lograr respuestas que nos muestren cuáles son las pruebas visibles, tangibles, audibles que necesita el interlocutor para estar seguro de haber alcanzado su objetivo.

Los términos abstractos tienen su utilidad para definir las grandes líneas de un proyecto, por ejemplo, pero cuando escuchamos una frase como:

—Deseamos mejorar la eficacia de nuestra fuerza de venta, para que cobre verdaderamente su sentido, necesitamos saber cómo piensa encararlo la persona que afirma eso, y cuáles son los resultados precisos que quiere lograr. Una respuesta cifrada, referida por ejemplo a las dimensiones, es válida en el sentido de que necesitamos una base concreta de discusión.

Cuando nos encontramos con términos demasiado vagos como para que podamos hacernos una idea clara de lo que significan para nuestro interlocutor, formulamos entonces preguntas de este tipo:

—Lo que me impide conseguir mi objetivo es mi timidez.

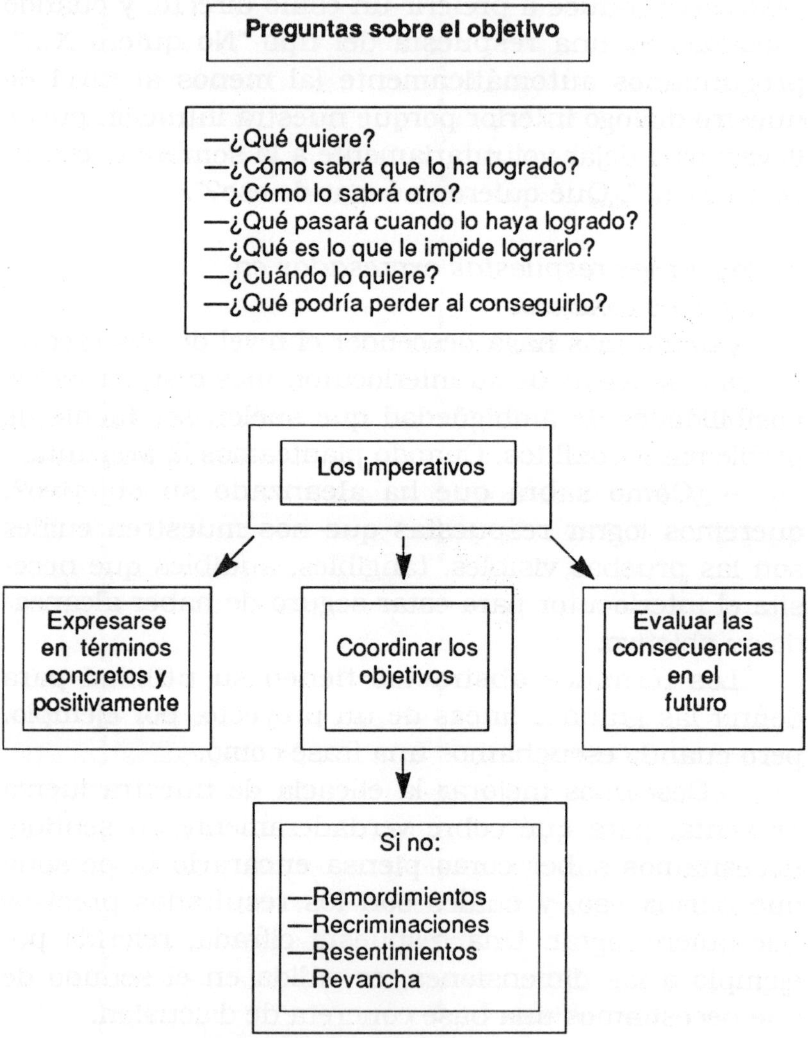

–¿Cómo actúa su timidez precisamente para impedirle conseguir su objetivo?

O, para parodiar a Jacques Chancel:

–Quiero asumir responsabilidades en mi trabajo.

—¿Qué son las responsabilidades para usted?

Usted habrá advertido que todas las preguntas que proponemos aquí son preguntas abiertas, es decir, exigen respuestas que no son sí o no; su utilización es importante porque usted necesita informaciones. Esto se ilustra particularmente con la venta, dado que una de las cualidades del vendedor consiste en saber hacer hablar al cliente para determinar mejor su objetivo y evitar errores.

Volviendo a los objetivos, otro punto esencial es el que nos lleva a coordinarlos.

Esto será objeto de un tratamiento más profundo cuando abordemos las técnicas de negociación. No es menos cierto que una comunicación eficaz exige objetivos comunes entre sus miembros.

La gran amenaza para los manipuladores, los que no tienen en cuenta los objetivos de sus socios en la comunicación, son los "cuatro dragones":

—**El Remordimiento**, en particular el del comprador que se dejó seducir por un vendedor poco preocupado por conocer el objetivo de su cliente, tiene la impresión de haberse dejado engañar, y en general eso no funciona dos veces.

—**Las Recriminaciones** siguen al Remordimiento con toda lógica, porque el comprador participa a su medio de su experiencia, contribuyendo a forjar generalizaciones del tipo "Todos los vendedores de X son deshonestos".

—**El Resentimiento** acompaña las recriminaciones.

—**El espíritu de Revancha** se abre paso y deja prever un futuro poco favorable a los manipuladores.

Después de lo que dijimos a propósito de los objetivos y las preguntas básicas, recordemos simplemente las condiciones esenciales:

— lograr del interlocutor que formule su objetivo en términos positivos;

— en términos concretos;

— coordinar los objetivos.

Las dos últimas preguntas básicas están en relación con el tiempo; en efecto, no seríamos eficaces si omitiéramos situar nuestra acción en el tiempo; es de gran importancia en el curso de una entrevista, cualquiera sea su objetivo, hablar en términos de tiempo para:

— definir objetivos a corto, medio o largo plazo;

— coordinar los objetivos en el tiempo;

— definir proyectando al futuro nuevas etapas.

Por ejemplo

— ¿Cómo ve la evolución de su carrera en cinco años?

— ¿Puede otorgarme una nueva cita dentro de un mes?

— En dos años seremos rivales, ¿por qué no nos asociamos ahora?

2. LOS UNIVERSALES DE MODELAJE DE LA EXPERIENCIA

Las diferencias entre los mapas de la realidad particulares de cada uno de nosotros proceden de varias fuentes. Esquemáticamente, nuestra representación del mundo se construye de acuerdo con nuestras posibilidades de percepción, nuestras condiciones socioculturales y nuestra historia personal.

No sería oportuno contestar que hay grandes diferencias interindividuales al nivel de la agudeza sensorial; por otra parte es una coacción dada sobre la cual no podemos actuar, y, lo que es más, somos conscientes de nuestros límites en este terreno porque hay sonidos y colores que el ser humano no puede percibir.

Sin embargo no siempre lo tenemos en cuenta. ¿Usted se ha preguntado a qué se parece el mundo visto por los ojos de un niño de cinco años? A menudo más vale "no discutir sobre gustos y colores", a tal punto es cierto que nos cuesta mucho admitir a veces que los otros no vean ni escuchen las mismas cosas que nosotros.

Estas diferencias están en la base de la construcción de nuestros mapas de la realidad o representación del mundo. Después vienen las coacciones socioculturales que se manifiestan al nivel del comportamiento pero también del lenguaje; además esas coacciones penetran a las anteriores, y para ilustrarlo se suele mencionar el ejemplo de pueblos que poseen sólo tres palabras para designar el conjunto de los colores, mientras que los esquimales utilizan cuarenta sólo para describir la nieve; ¿qué perciben en realidad?

La observación del empleo del lenguaje puede aportar más informaciones a propósito del mapa de la realidad traducida así. Más adelante volveremos sobre ello pormenorizadamente. No es menos cierto que estas coacciones culturales pueden ser al menos en parte superadas. En efecto, es posible aprender otra lengua, por ejemplo, o adaptarse a una cultura diferente de aquella donde evolucionamos inicialmente. Nuestra aproximación a la comunicación se funda en esta posibilidad de adaptación, pero aquí consideramos que el mejor medio para comprender la representación del mundo que utilizan nuestros socios en la comunicación es simplemente descubrirla en nosotros mismos en lugar de imaginar lo que podría ser. Claro que este procedimiento exige por parte del comunicante una gran flexibilidad tanto al nivel del pensamiento como del comportamiento. Las técnicas que vamos a estudiar a continuación están destinadas a proporcionarnos medios para ello.

Él otro representa un mundo en sí mismo, y vamos a tratar de descubrirlo como si se tratara de un país desconocido. Vimos que ese universo se encontraba codificado en un mapa dibujado por las coacciones sensoriales y culturales; el último rasgo está dado por la historia personal del individuo, indiscutiblemente original, como sus impresiones digitales.

Reconocer que hay diferencias entre los modelos de la realidad es sólo una etapa. Sin embargo es fundamental, porque si admitimos este punto de partida cabe entonces preguntarse sobre los procesos que llevan a esas diferenciaciones y reconocer así la existencia de fenómenos de modelaje de la realidad, dado que experiencias similares aparecen vividas y codificadas de modo diferente en los mapas individuales.

Richard Bandler y John Grinder[2] se fundan en los trabajo del lingüista Noam Chomsky para definir los tres universales de modelaje de la experiencia que son la omisión, la generalización y la distorsión.

La generalización es un proceso que lleva a un elemento o una parte del modelo de la persona a ocupar el espacio de una categoría donde ese elemento se convierte en sólo un ejemplo. La generalización puede llevar a afirmaciones tales como "todas las inglesas son pelirrojas", y también a serias economías si consideramos que gracias a ella no tenemos necesidad de aprender dos veces que una llama quema.

La omisión sobreviene cuando un elemento o parte del mapa de la realidad son sencillamente silenciados.

2 *The Structure of Magic.*

Es el proceso que lleva a ignorar ciertas dimensiones de la percepción o de la experiencia en detrimento de otras a las que consideramos más válidas o menos peligrosas para nuestra posibilidad de aprehender el mundo exterior; gracias a la omisión, lo reducimos a proporciones que nos sentimos en condiciones de aceptar. Sin embargo la omisión es necesaria a la concentración, permite también eliminar los elementos superfluos de una explicación o de una demostración.

La distorsión por su parte nos permite operar sustituciones de datos sensoriales en nuestra experiencia. Cuando imaginamos los resultados de un trabajo, por ejemplo, hacemos una distorsión. Asimismo cuado afirmamos para nosotros mismos o para los otros que Fulano está enojado, sin verificarlo; en ese caso nos imaginamos comportándonos de ese modo y deducimos que si actuáramos así estaríamos enojados, entonces adivinamos que lo mismo haría el otro.

La distorsión es el intrumento privilegiado de la invención, de la creación artística o de otra índole; es necesaria para extrapolar una realización a partir de datos.

Estos tres fenómenos de modelaje de la realidad presentan ventajas y por supuesto inconvenientes en el sentido de que determinan los límites de nuestro mapa de la realidad trabando considerablemente nuestras posibilidades de elección, es decir, nuestra flexibilidad de comportamiento o nuestro sentido de la adaptación.

Es importante comprender que esos tres universales están estrechamente vinculados entre sí. Una persona que dice: "Nadie puede entenderme", por ejemplo, casi siempre llega a esa afirmación después de haber experimentado un sentimiento de rechazo, tal vez una sola vez en la vida, frente a alguien de quien ella deseaba hacerse comprender. Si ella opta por generalizar la experiencia, terminará por omitir la recepción consciente de los signos que podrían probarle que los otros la comprenden, y por anticipar los sentimientos negativos que supuestamente los desconocidos alimentan respecto de ella, dado que nadie puede comprenderla. Así, esta afirmación, que no podría ser más banal, muestra una experiencia que ha sido generalizada, dando lugar a omisiones y distorsiones.

Una situación puede aparecer en primera instancia completamente bloqueada por la acción de los universales de modelaje que son la omisión, la generalización y la distorsión. Así que es esencial aprender a reconocer dónde se encuentran los límites del mapa de la realidad para después permitir que nuestro interlocutor encuentre nuevas opciones que desbloquearán el problema.

Las técnicas específicas a la negociación serán expuestas a continuación. Por el momento, vamos a presentar a las que permiten encontrar los límites del territorio de nuestros socios en la comunicación.

3. EL METAMODELO PARA EL LENGUAJE

Son Richard Bandler y John Grinder quienes pusieron a punto el metamodelo para el lenguaje. Este se compone de un conjunto de técnicas destinadas a poner en evidencia la acción limitadora de los universales de modelaje al nivel del lenguaje verbal, porque este último constituye una de las principales herramientas de comunicación de la experiencia y refleja las zonas de sombra que existen en nuestro modo de representar la realidad. En el libro de Bandler y Grinder *The Structure of Magic* la exposición del metamodelo ocupa un lugar voluminoso; sin embargo otros investigadores utilizan en su enseñanza una presentación mucho más reducida, dado que sólo comporta cinco puntos claves.

Así, vamos a dar un resumen del metamodelo más sucinto que el propuesto en *The Structure of Magic*, sin por eso limitarnos a los cinco puntos claves cuyo esquema aparece unas páginas más adelante y que constituyen un instrumento mnemotécnico bastante bueno.

Recordemos ante todo que este método surgido de los trabajos de Noam Chomsky (gramática generativa) y Alfred Korzybsky (semántica general) parte del principio de la existencia de dos niveles lingüísticos:

La estructura superficial de lenguaje, que comprende los enunciados que nos sirven para comunicarnos con los otros y los de nuestro diálogo interior, y la estructura profunda del lenguaje, que es la representación lingüística completa de la experiencia a la que ella se refiere.

Si digo: "Martín se compró un coche", es una estructura superficial; la estructura profunda correspondiente podría ser: "Martín le compró a alguien, en tal día, en tal lugar, un coche de tal marca por determinada suma de dinero". Así que la estructura profunda comprendería los elementos lingüísticos que representan la experiencia, no necesariamente todos, por otra parte, porque los universales de modelaje intervinieron una primera vez entre la experiencia y esta estructura profunda del lenguaje, y una segunda vez entra esta última y la estructura superficial.

El trabajo del psicoterapeuta consiste en explorar los límites de la representación de la realidad de su cliente, y en ensancharlos para acrecentar sus posibilidades de elección; para hacerlo, ayuda al cliente a reconocer los obstáculos que se plantea, y ese trabajo se efectúa en los dos niveles lingüísticos hasta que el cliente pueda volver a conectarse con su experiencia.

El trabajo de un negociador no llegará hasta allí, pero el principio sigue siendo el mismo porque se tratará de encontrar e iluminar las zonas de sombra o las lagunas del mapa de la realidad al que se refieren sus socios en la comunicación. Como las omisiones, las generalizaciones y las distorsiones son omnipresentes en nuestras estructuras superficiales y en las de nuestros interlocutores; la dificultad residirá en elegir lo que ha de ser elucidado y lo que no debe serlo.

En este punto intervienen las técnicas de agudeza sensorial y de observación del lenguaje no verbal que presentamos en los capítulos que siguen. Ahora pasemos al metamodelo.

4. LAS OMISIONES

La omisión es un fenómeno de modelaje de la experiencia que nos permite ignorar algunas informaciones en detrimento de otras; es el mismo principio de la elección, de la selección de informaciones; repitámoslo: está a medias presente en todas las frases que pronunciamos.

Las omisiones simples, relacionadas con el verbo

Son con mucho las más frecuentes, porque los verbos son siempre más o menos precisos: aquí el procedimiento consiste, al escuchar por ejemplo una frase como "esa noticia me sorprende", en tratar de imaginar una representación de eso; usted puede ver a la persona que se dice sorprendida, pero todo lo que ponga a su alrededor será fruto de su imaginación, porque en realidad ella no le dijo cómo fue sorprendida.

¿Qué hacer para obtener información? Sin duda usted está tentado de preguntar: "¿Por qué la sorprendió?". Haga la prueba y trate de construir una imagen clara de una respuesta plausible, como "esa noticia me sorprendió porque era realmente inesperada". Usted acaba de conseguir una segunda omisión vinculada esta vez con el verbo de la segunda proposición.

Si usted pregunta "cómo es precisamente que la sorprendió", se arriesga a lograr informaciones de mejor calidad que las precedentes, que le aclararán la acción puesta en marcha por el verbo sorprender.

Ejemplos

—Las rutas son peligrosas en invierno.
—¿Especialmente para quién?
—Voy a preparar ese informe.
—¿Cómo lo va a preparar precisamente?
—Martina me dio el gusto.
—¿Cómo le dio el gusto concretamente?

Las omisiones simples por comparación

En este caso partimos de la evidencia de que hacen falta por lo menos dos elementos si queremos hacer comparaciones. Ahora bien, con frecuencia nos encontramos con frases como: "Sería mejor para usted trabajar medio tiempo", o "Jane es la más hermosa", o "Si hace eso será peor". En todas estas frases falta uno de los elementos de comparación. En el caso de la utilización de un superlativo (el más, el menos, el mejor, el peor) lo que falta es el conjunto al que se refiere la afirmación. Si digo "Jane es la más hermosa" omito precisar en relación con qué referencia.

La publicidad recurre mucho a omisiones por comparación en mensajes tales como X es menos caro, o Y lava más blanco, etcétera.

En este caso, si usted quiere conseguir la información que falta, tiene que formular preguntas del tipo comparando con qué o en relación con cuál.

Ejemplos

– Pagué menos caras estas manzanas.
– ¿Menos caras comparadas con cuáles?
– ¡Mejor para usted!
– ¿Mejor que qué?
– ¡Vendo las naranjas más lindas!
– ¿Las más lindas en relación con cuáles?

Estas omisiones son tan frecuentes que no siempre se nos aparecen a la primera escucha, porque tendemos a aceptar los mensajes tal cual; y sin embargo es esencial contestarlas mediante preguntas que permitirán aclarar los límites del mapa de la realidad donde se ubican.

Las omisiones complejas que vamos a encarar ahora son sin duda las más insidiosas en el sentido de que demasiado a menudo las admitimos de entrada.

Operadores modales de necesidad y posibilidad

Este término lingüístico designa palabras y expresiones (en otros términos el empleo de los verbos: deber, querer, hacer falta y poder) tales como: hace falta, es necesario, o bien el verbo deber en frases como: debo, deberías, etcétera. Los operadores modales de posibilidad designan expresiones tales como: es imposible, no puedo, no somos capaces de, etcétera.

Estas expresiones introducen una afirmación que

indica un límite o una imposibilidad, sin embargo no dan ninguna información en cuanto a la manera como funciona ese límite.

Una frase como "No puedo discutir con mis vecinos" indica claramente una imposibilidad, pero no da ninguna indicación que pueda aclarar la situación. Suele ocurrírsenos preguntar: "¿Por qué?". Si lo hacemos seguramente vamos a lograr respuestas que nos indicarán las razones que da la persona que habla para justificar su afirmación. "No puedo discutir con mis vecinos porque son demasiado desconfiados".

Llegado a este punto usted puede conformarse con esta respuesta o contestar preguntando: "¿Cómo sabe usted que son desconfiados?". La persona puede entonces darle informaciones pertinentes acerca de la manera como ella pudo etiquetar a sus vecinos como gente desconfiada, es probable que describa sus comportamientos, que habrá observado y la habrán llevado a ese juicio.

Otro procedimiento más simple, dado que elimina una etapa, consiste en tratar de conocer el elemento que falta en la frase: "No puedo discutir con los vecinos".

La reflexión es muy simple, cuando una acción es imposible existe un obstáculo a su realización, algo que bloquea, que molesta o impide actuar al autor; ahora bien, en las afirmaciones que implican un operador modal de posibilidad, el elemento de información que falta es precisamente el que podría mostrar cuál es el obstáculo. Así, uno de los medios más directos de ensanchar la información consiste en preguntar por ejemplo:

—No puedo discutir con mis vecinos.

—¿Qué es lo que se lo impide?

La persona puede elegir responder o no, pero al

formular esa pregunta usted la lleva a tomar conciencia del proceso que la conduce a su comportamiento al mismo tiempo que a su límite.

Los operadores modales de necesidad actúan de manera ligeramente diferente. Si tomamos por ejemplo la frase: "No hay que levantar a los que hacen dedo", hemos entendido la opción de aceptar esta información como válida en nuestra representación personal de la realidad; si por el contrario no estamos de acuerdo con lo que ella afirma, tenemos todavía varias opciones para refutar o buscar informaciones más precisas.

Si, por ejemplo, como en el ejemplo anterior, usted pregunta:

—¿Por qué no hay que levantar a los que hacen dedo?

Su interlocutor puede responderle:

—Porque puede ser peligroso.

Ahora hay que tratar de saber cómo y para quiénes esos que hacen dedo pueden ser peligrosos, lo cual requiere tiempo y no le asegura obligatoriamente una información pertinente. Pero no hay que excluir sistemáticamente este procedimiento, porque permite un desvío antes de formular preguntas directas.

Sin embargo, si usted considera la afirmación, puede tener conciencia de que para ser precisa le falta algo, ese algo es simplemente la consecuencia que seguiría a la transgresión.

Si usted supiera a lo que se expone al transgredir esta ley, entonces dispondría de una información valiosa. La simple pregunta: ¿Qué pasaría si levanto a los que hacen dedo?, puede permitirle al interlocutor describir las amenazas y las consecuencias de desobedecer a la norma que se acaba de anunciar.

En otro ejemplo: Hay que ayudar a los que hacen dedo.

La pregunta que contestaría a la afirmación y permitiría aclarar los límites de su interlocutor sería:

—¿Qué pasaría si yo no los ayudara?, o bien

—¿Qué le pasaría a usted si no los ayuda?

Otra forma de pregunta abreviada consiste en añadir:

—¿Porque si no...?

Los operadores modales de necesidad y posibilidad representan límites de nuestro mapa de la realidad, sirven para pronunciar leyes. Podemos admitir el valor de algunas de ellas, pero otras en cambio pueden perjudicar nuestro desarrollo, nuestra expansión. Vamos a insistir especialmente en este punto, e incitamos al lector a escuchar atentamente a su alrededor a fin de relevar las palabras claves; en efecto, siempre preceden el enunciado de una creencia, de un valor, o de un criterio personal del interlocutor, y es de gran importancia tenerlo en cuenta en el curso de la comunicación.

Tener en cuenta criterios personales significa también evitar refutarlos. Todo depende del objetivo de la comunicación, dado que si bien puede resultar de gran utilidad en ciertos contextos poner en cuestión un valor que inhiba a la persona en su desarrollo, puede resultar sumamente perjudicial en una negociación; es decir, hay que elegir con sumo cuidado el material a refutar, basándose al mismo tiempo en la forma y el contenido, en los mensajes verbales y no verbales que expresa el interlocutor.

Otro punto importante a destacar, a retener y a aplicar es que este análisis de las palabras claves concierne en primer lugar a las frases que usted pronuncia, para usted mismo, en su diálogo interior, o que comunica a los otros. Al final de esta presentación del metamodelo para el lenguaje, vamos a dar el esquema mnemotécnico de los cinco puntos claves, que permite apuntar a las palabras claves más importantes para replicar en el lenguaje corriente.

5. LAS GENERALIZACIONES

Generalizar significa convertir en constante un caso particular, una sola experiencia en ley, y como dijimos antes esto puede ser a la vez muy útil y muy coaccionante. Al nivel del lenguaje, el fenómeno de generalización se evidencia a través del empleo de determinadas palabras y expresiones de las que ahora vamos a dar una idea.

Las palabras sin índice referencial

El índice referencial se puede comprender como la clase o categoría donde se ubica el sustantivo. Sin embargo nos ocurre a menudo usar palabras como *ellos, la gente, se,* para hablar de nuestra propia experiencia. Cuando usamos esas palabras, tal vez tengamos la idea subyacente de que representan nuestra realidad, pero no obligatoriamente, y la mayor parte del tiempo puede parecernos más convincente afirmar algo como si esa afirmación no surgiera directamente de nuestro pensamiento o experiencia, sino compartida por una mayoría de individuos.

Tomemos como ejemplo: "No quisieron dejarme hablar".

Como siempre, podemos optar por no contestar, no tratar de saber más; pero si queremos profundizar necesitamos un poco más de información. En esta frase, la zona de sombra está vinculada con el tácito *"ellos"*;

lo que nos queda por hacer es formular una pregunta que permita aclarar las cosas; en ese caso preguntaríamos:

—¿Quiénes son precisamente los que no quisieron dejarlo hablar?

En el caso de que la persona utilice el impersonal como biombo de sus opiniones: "En invierno, hacen falta vacaciones", usted puede verificar la suposición preguntando: "¿Usted necesita vacaciones?"

Aquí, lo mismo que en el caso de omisiones, se trata de actuar con discernimiento. Cuando a propósito de una banalidad usted releve el uso de una palabra sin índice referencial, como un *se* impersonal, su interlocutor probablemente no se ofusque en tanto le parezca evidente que usa ese pronombre en lugar de hablar en su nombre, pero será de otro modo si el interlocutor enuncia opiniones más personales que teme revelar como propias demasiado abiertamente, por ejemplo: Ya se sabe lo que vale Fulano.

Hay otras palabras a detectar en las frases que usted pronuncia y que pronuncian sus interlocutores. En el curso de los seminarios de enseñanza, los estudiantes son incitados a verificar los nombres que aparecen en el curso de la conversación. En este sentido mi consejo es limitar esta verificación a los nombres que designan categorías de objetos o personas. A los gatos no les gusta el agua: esta afirmación tal vez sea verdadera para su gato o el de sus vecinos, pero hay excepciones a esa regla, a algunos gatos puede gustarles el agua, por consiguiente nada le obliga a aceptar la frase; puede replicar preguntando: ¿Los gatos que usted conoce? O: ¿Su gato? O: ¿Todos los gatos? Como vamos a ver, esta última forma es la que más se relaciona con la puesta en cuestión de los cuantificadores universales.

Los cuantificadores universales

Hay palabras y expresiones que introducen una supergeneralización: todos, todo el mundo, nadie, nada, nunca, siempre, cada vez, todo el tiempo, etcétera. Cuando la persona utiliza estas palabras es como si enunciara una ley universal, por ejemplo: Nadie me comprende. Si se quiere poner en duda la afirmación, se trata de encontrar una o varias excepciones a esta ley; excepciones que por otra parte existen en la realidad de la persona pero se encuentran enmascaradas por el fenómeno de la generalización. La manera más simple y directa consiste en retomar el término utilizado de manera interrogativa, es decir, elevando ligeramente la entonación al final de la palabra: ¿Nadie?

En algunos casos puede ser hábil añadir a la generalización propuesta: Nadie me comprende.

– Si no entiendo mal, ¿en ningún momento de su existencia hubo alguien que lo comprendiera?

En este momento, la generalización inicial resulta algo caricaturizada por excesiva, y la persona querrá contradecirle descubriendo en su experiencia un ejemplo que constituya la excepción; si lo formula, estará negando su primera afirmación. Por ejemplo:

– No, no es exactamente eso, quiero decir que ahora tengo la impresión de que nadie me comprende.

Usted ha de prestar atención a esas palabras y expresiones que enuncian una generalidad, y ante la norma propuesta, si le parece arbitraria ha de llevar a su interlocutor a que descubra él mismo una excepción, un ejemplo contradictorio. El procedimiento más simple y también más eficaz consiste en emplear el cuantificador universal (nunca, siempre, nadie, todo el mundo, ninguno), con tono interrogativo; otra técnica consiste en exagerar la afirmación añadiendo a ella otro cuantificador universal o incluso el término *verdaderamente*.

Por supuesto que usted no tiene la obligación de cuestionar las leyes personales de su interlocutor; aun más, el refutarle implica el riesgo de acercar a la persona a los límites de su propia realidad, lo cual a veces da lugar a reacciones de agresividad o de retraimiento, que significan más o menos lo mismo, una suplanta a la otra. Se impone pues la prudencia, dado que casi siempre hay un medio de hacer sus preguntas con tacto y respeto hacia el interlocutor. El mejor modo de aprender es formularse preguntas a uno mismo, empiece por relevar los cuantificadores universales que utiliza en su diálogo interior o en sus conversaciones con los otros, después formule las preguntas que lo llevarán a saber si hay excepciones o experiencias contradictorias a las leyes que usted enunció en su discurso y que los demás tal vez aceptaron sin decir palabra.

Otra forma de generalización muy corriente es lo que los norteamericanos llaman los **lost performatives**. Para entender el mecanismo hay que volver a esta locución que describe la desaparición (**lost**) del agente responsable (**performative**) de la afirmación. Lo traduzco como afirmaciones perentorias, lo que no es del todo exacto, porque no transmite la idea de un responsable inicial que hubiera desaparecido para dar lugar a algo indefinido y universal que resulte sujeto de la afirmación. La frase: "Está mal no tener en cuenta a los demás" puede considerarse una afirmación perentoria; en efecto, no nos informa de ningún modo sobre su autor, sino por el contrario nos propone su contenido como una verdad irrefutable. Una frase como: "Me parece mal no tener en cuenta a los demás" transmite otra idea, su autor enuncia claramente su opinión, habla en su nombre y no se desdibuja de ninguna forma.

Este tipo de afirmación no necesita obligatoriamente una réplica, pero su identificación resulta interesante, en la medida en que nos informa sobre la índole de las creencias del interlocutor, y en ese terreno usted no tiene que intervenir salvo para transmitir las propias si se lo piden. Más adelante vamos a insistir en la importancia del sistema de creencias, de valores y en los criterios de su interlocutor; será muy valioso para usted saber identificarlas y reconocerlas en unas frases, porque usted no tiene campo de acción sino dentro de los límites que ellos ponen a la representación del mundo que en ese momento emplea esa persona.

6. LAS DISTORSIONES

Representan la tercera forma de los universales de modelaje de la experiencia y constituyen una parte esencial del metamodelo para el lenguaje. Recordemos brevemente que la distorsión realiza sustituciones de datos en nuestra experiencia, es la clave de la creatividad, de la facultad de inventar, o más exactamente de dar un orden diferente o imaginar una nueva disposición para los conceptos, las ideas o los objetos. Sin embargo, la distorsión genera también grandes desventajas cuando toma la forma de presupuestos, relaciones arbitrarias de causa-efecto, interpretaciones o anticipaciones azarosas. Estos últimos puntos son los que nos interesan por el momento, y vamos a aclararlos mediante ejemplos que le permitirán detectar las zonas de sombra generadas por las distorsiones al nivel de su representación de la realidad y de la de sus interlocutores.

Las sustantivaciones

La sustantivación es un fenómeno lingüístico que transforma un proceso en acontecimiento (amar en amor, por ejemplo). Ahora bien, si siempre se puede actuar sobre algo dinámico, no es el caso cuando se trata de algo estático, que por definición ni evoluciona ni se mueve. Si queremos conducir a la persona a un objetivo, tendremos que descongelar lo que frena su dinámica y se manifiesta en el lenguaje a través de las sustantivaciones.

Hay un medio práctico para detectar las sustantivaciones: cuando usted encuentra palabras abstractas o de las que no alcanza a hacerse una imagen o una idea clara, no logra colocar lo que supuestamente describen en una carretilla imaginaria. Usted puede fácilmente colocar en una carretilla a un individuo que se siente libre, y tratar de hacer lo mismo con la libertad...

Las sustantivaciones son casi siempre palabras abstractas (amor, libertad, decisión, felicidad, creatividad, imaginación, riqueza, pobreza, esperanza, etc.) y por eso su significación varía sensiblemente según quienes las utilicen; seguramente yo no tengo los mismos criterios que usted para definir la felicidad, y eso sólo puede saberlo verificándolo, es decir, tratando de saber de qué se compone en mi mapa de la realidad el hecho de ser dichosa. Razón por la cual lo incito a informarse, cuando perciba la necesidad, sobre lo que la persona coloca bajo el término que utiliza y que reviste la forma de una sustantivación. El objetivo a alcanzar consiste en que la persona pueda pasar de una formulación fija y abstracta a una expresión dinámica, concreta, fundada en términos sensoriales.

Por ejemplo:

—Quiero lograr mejorar mis condiciones de trabajo.

—¿Cómo quisiera mejorarlas?

—En primer lugar necesitaría más espacio, una oficina bien iluminada, material en buenas condiciones...

Advierta la diferencia entre una mejoría y los elementos precisos que probarían a la persona que sus condiciones de trabajo han mejorado.

El procedimiento a seguir para aclarar las sustantivaciones exige ante todo reconocerlas (test de la carretilla imaginaria), después formular una pregunta que retome el término en su forma dinámica (verbo) a fin de determinar los componentes de la experiencia que la persona describió en primer término de manera fija y abstracta.

De modo general, cuanto menos ambigüedades tenga la comunicación, más posibilidades tiene de culminar en un resultado positivo; por eso no puede usted emplear las abstracciones que emplea su interlocutor sino bajo la condición de haberse puesto de acuerdo por anticipado en su significación.

La adivinación

Si escucha atentamente a su alrededor, tomará enseguida conciencia de que mucha gente se cree adivina, y tal vez usted forme parte de ellos sin saberlo. Lo que en PNL denominamos *adivinación* (el término inglés es *mind-reading**) es el fenómeno que lleva a las personas a hacer como si supieran lo que los otros piensan o creen. No digo que sea imposible, lo único que quisiera saber es cómo se las arreglan:

—Hum, ya sé lo que está pensando.

—Ah, ¿sí? ¿Cómo hace para saberlo?

* Literalmente, lectura de la mente (N. de la T.)

O bien:

– Sé por anticipado lo que va a decir cuando vuelva.

O bien:

– Estoy seguro de que ella disfrutó la velada.

O: – Eso le va a gustar.

O: – Me hace mala cara.

En todos estos ejemplos, no hay ninguna indicación referida a la manera como la persona podría probar lo que afirma, o aun hacer saber a su interlocutor cómo puede decirlo.

Esta especie de adivinación es tan frecuente que suele pasar inadvertida, y sin embargo si la practicamos puede llevarnos a muchos errores de juicio. En efecto, a menudo tenemos tendencia a creer que los demás reaccionan como lo haríamos nosotros en su lugar, razón por la cual ofrecemos regalos que quisiéramos recibir, interpretamos gestos o comportamientos como si vinieran de nosotros, sin verificar ante el interesado si hemos comprendido su sentido.

Verbos como pensar, creer, tener conciencia, experimentar, estimar, juzgar, etc., conducen casi siempre a la adivinación, por lo cual deben centrar nuestra atención cuando los escuchamos o empleamos: "Debe pensar que le quito demasiado tiempo" (Réplica: "Es posible, pero ¿cómo lo sabe?").

La adivinación bien puede llevarlo a adoptar comportamientos en función de lo que usted cree, imagina o piensa, en lugar de actuar de acuerdo con los mensajes que ofrece la persona con quien usted se comunica. Fiarse de una interpretación apresurada y no verificada es correr un riesgo, porque este o aquel comportamiento no significa necesariamente lo mismo en dos personas diferentes.

Si alguien afirma: "Cuando conozco a un nuevo cliente, enseguida sé con quién tengo que vérmelas", usted puede preguntarle con todo derecho cómo se las arregla. En estos casos los adivinos le responderán que es su talento o su intuición, incluso su don lo que les permite eso, y que ellos no pueden explicarlo. Lo que es verdad en esas respuestas es que efectivamente las personas rara vez son capaces de explicar cómo hacen para ejercer un talento específico, pero no es menos cierto que ponen en práctica una estrategia específica para ser eficaces, y justamente el objetivo de la PNL es tratar de conocer ese cómo.

Aconsejo la máxima desconfianza respecto de los juicios apresurados, fundados por lo general en la observación de uno o a lo sumo dos detalles y cuya expresión al nivel del lenguaje se da a través de la adivinación. Cuando usted encuentre esa forma de afirmación, no está obligado a profundizarla salvo que esa averiguación le aportara informaciones útiles a su objetivo, por ejemplo profundizar las objeciones de un cliente.

Los vínculos causa-efecto

En el capítulo de las distorsiones tenemos que evocar el uso abusivo de los vínculos de causa-efecto que genera muchos malentendidos y problemas en la comunicación.

Establecer un vínculo de causa-efecto tranquiliza y reconforta, pero resulta ser casi siempre inexacto porque rara vez un efecto tiene una sola causa.

Ahora bien, reducir las explicaciones a un solo elemento crea un límite a las opciones que podrían existir sólo si lográramos evitar el quedar atrapados en los vínculos de causa-efecto. Por otra parte, es difícil admitir o hacer admitir que tenemos gran parte de responsabilidad en lo que nos sucede; mucho más fácil es creer que eso pasa gracias o a causa de algo o de alguien.

Así, una de las maneras de verificar que su interlocutor está atrapado en un vínculo causa-efecto consiste en dar vuelta su afirmación de la siguiente manera:

—Me iría de vacaciones, pero no tengo coche.

—¿Así que si tuviera usted coche saldría de vacaciones?

Al proponer esa frase, aparentemente no cambió el contenido de la afirmación; sin embargo al modificar la forma logró usted por lo menos dos cosas. La primera es verificar la existencia del vínculo causa-efecto; la segunda es dejar abierta una posibilidad de réplica. Al escucharla bajo otra forma, la misma persona puede muy bien cuestionar su afirmación: "En realidad no estoy muy segura, pero me gustaría salir de vacaciones en coche".

A partir de allí, la discusión queda abierta. Si opta usted por convencer a la persona de que un coche no es indispensable para salir de vacaciones, puede empezar a adelantar sus argumentos, porque el elemento bloqueador (causa-efecto) está vacilando.

Hay otras técnicas para quebrantar los vínculos de causa-efecto: esquemáticamente consisten en evitar, dar contraejemplos o desplazar. Vamos a hablar más extensamente de eso a propósito de las técnicas de negociación donde su empleo es más específico.

Por el momento, en las situaciones en que detecta usted vínculos de causa-efecto que le parecen coactivos o refutables, confórmese con verificar su existencia y/o validez dándolos vuelta de acuerdo con la técnica presentada en el ejemplo anterior.

Después de esta presentación del metamodelo para el lenguaje, éste es el modelo mnemotécnico de Laborde, Grinder y Hill, que consiste en relevar solamente cinco tipos de palabra claves y formular las preguntas correspondientes.

7. LOS PUNTOS CLAVES DEL LENGUAJE

Los cinco puntos claves

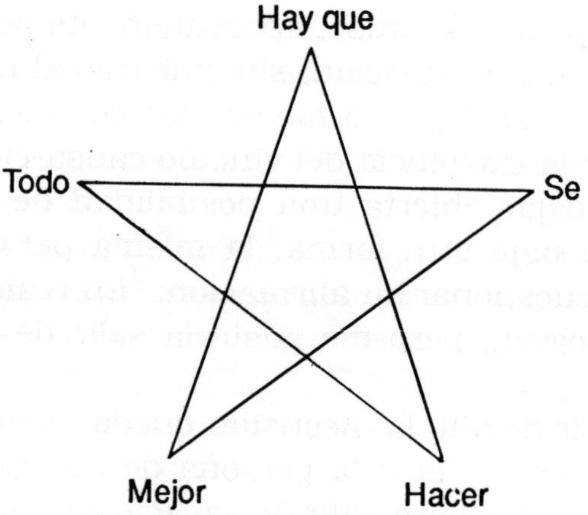

Las cinco preguntas claves

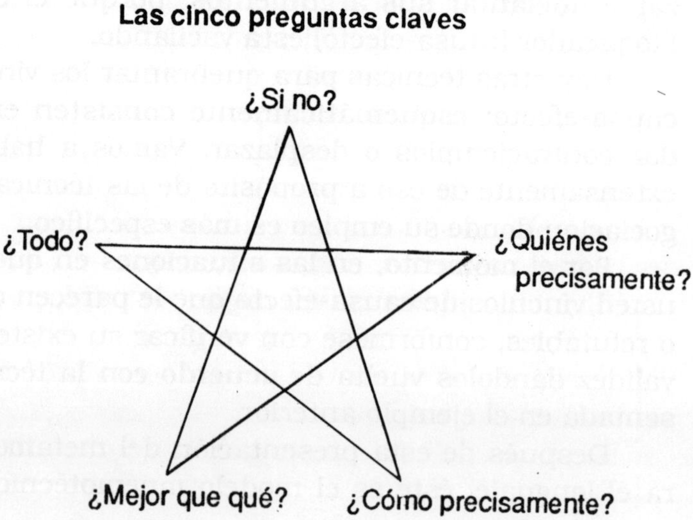

Las cinco puntas de la primera estrella designan las palabras claves que deben alertar la atención del escucha. Si las estudiamos una a una empezando por arriba a la izquierda encontramos el término "todo"; recubre las generalizaciones que emplean cuantificadores universales; la misma punta de la segunda estrella brinda la pregunta correspondiente: "¿Todo?", que como hemos visto antes consiste en retomar el cuantificador universal en forma interrogativa, o aun en reforzarlo: ¿absolutamente todo?

El punto clave siguiente *hay que* designa las omisiones que utilizan operadores modales de necesidad. La pregunta correspondiente completa sería: ¿Qué pasaría si no?, que permite aclarar la consecuencia de la transgresión del *hay que.*

La tercera punta indica el punto clave *se*. Se trata una vez más de suscitar una generalización que se manifiesta a través del uso de una palabra sin índice referencial. Sin embargo, no perdamos de vista que los sustantivos genéricos también remiten a la correspondiente pregunta *¿precisamente quiénes?*

La punta siguiente de la estrella, si seguimos el sentido de las agujas del reloj, nos propone el verbo *hacer.* Se trata de sacar a luz otra forma de omisión, la que está vinculada con los verbos insuficientemente específicos o preciados. En este caso la pregunta será *¿cómo precisamente?* Advirtamos que esta pregunta también puede suscitar una distorsión cuando se trata de un verbo como pensar, saber, creer...

El último punto clave, *mejor*, se refiere a las omisiones por comparación, y la pregunta tiene como finalidad obligar a precisar el segundo elemento de la comparación.

Este modelo muy simple hace que lleguemos rápidamente a asociar las palabras claves con las preguntas que permiten lograr la información precisa. En las conversaciones corrientes es probable que no recurra usted más que a estas preguntas; sin embargo creo que es deseable conocer su fuente, constituida por el metamodelo del lenguaje.

8. EJERCICIOS

Ejercicio 17

Lista de cartas:

1. Cambiar de postura.
2. Reflejar la postura.
3. Reflejar los movimientos.
4. Acelerar el ritmo de la voz.
5. Desacelerar el ritmo de la voz.
6. Aumentar el volumen de la voz.
7. Disminuir el volumen de la voz.
8. Utilizar términos visuales.
9. Utilizar términos auditivos.
10. Utilizar términos kinestésicos.
11. Provocar la utilización de términos visuales.
12. Provocar la utilización de términos auditivos.
13. Provocar la utilización de términos kinestésicos.
14. Acordarse al sistema de representación sensorial.
15. Romper la relación.
16. Utilizar omisiones por comparación.
17. Utilizar verbos imprecisos.
18. Utilizar cuantificadores universales.
19. Utilizar operadores modales de posibilidad.
20. Utilizar operadores modales de necesidad.
21. Utilizar palabras sin índice referencial.
22. Utilizar sustantivaciones.
23. Adivinar.

24. Cambiar de objetivo.
25. Expresar el propio objetivo en negativo.

En grupos de tres: un sujeto, un actor y un testigo.

—El actor toma una carta sin mostrarla a sus compañeros, ejecuta la consigna inscripta en la carta.

—El sujeto y el testigo tienen que descubrir lo que ha hecho el actor y el sujeto debe responder de manera tal que el actor comprenda que él lo comprendió. Si el actor tomó la carta que dice "Expresar el propio objetivo en negativo" y dice "No quiero salir durante el fin de semana", el sujeto puede responderle: "¿Entonces qué quiere hacer en lugar de eso?".

El objetivo de este ejercicio es aprender a observar los mensajes que transmiten otros, a saber lo que expresa, y a comprender cómo nos perciben los otros.

Ejercicio 18

Entrénese individualmente, cinco minutos diarios, en descubrir las imprecisiones de su diálogo interior. Cuando reflexione en forma de diálogo interior, interrumpa su reflexión cada vez que detecte transgresiones del metamodelo. Limítese al comenzar a los puntos claves, después trate de extenderse a las distinciones del metamodelo.

El objetivo de este entrenamiento es adquirir los reflejos de la precisión que le van a dar los medios para interrogar de modo útil. De una a dos semanas le bastarán para conseguir detectar las ambigüedades e imprecisiones del lenguaje, tanto en usted como en los otros.

CAPITULO 4

Ser auténtico para ser eficaz

1. LA CONGRUENCIA Y LAS INCONGRUENCIAS

En el curso del ejercicio 17, ha podido usted observar que es difícil, si no imposible, expresar sólo una cosa por vez, y ese hecho caracteriza la comunicación humana. En efecto, poseemos muchos medios de expresión entre los cuales el habla es sólo un elemento, y para dar un sentido a nuestros mensajes nuestros interlocutores perciben e interpretan varios tipos de información: los gestos, la postura, la expresión del rostro, la calidad de la voz, el contenido del discurso. De hecho, siempre expresamos varias cosas simultáneamente.

Cuando decimos de alguien que es sincero, auténtico, verdadero, es porque emplea todos sus medios de expresión para significar el mismo mensaje o mensajes congruentes entre sí: los gestos pueden venir a subrayar, a apoyar un término o una frase. Esta actitud corresponde a lo que la PNL denomina la **congruencia**.

En cambio, una persona que tiene el don de hacer que los otros se sientan incómodos sin que se lo pueda atribuir a un hecho preciso, emite prácticamente en todos los casos mensajes contradictorios. Gran parte de la comunicación se percibe y comprende a nivel inconsciente, lo cual explica que sea difícil encontrar con precisión lo que no funciona. El resultado es una sensación de malestar que nace de la **incongruencia** de los mensajes emitidos. El tono de la voz puede entrar en contradicción con el contenido del discurso.

La oposición suele darse entre lo verbal y lo no verbal. En PNL no oponemos esos dos elementos sino que evaluamos y comparamos el conjunto de lo que percibimos en el otro.

El lenguaje no verbal no se comprende sistemáticamente como comentario del lenguaje verbal, aunque a veces pueda serlo. Algunos especialistas de la comunicación se libran a veces a una suerte de disección de los mensajes emitidos por personajes públicos. De su estudio se desprende que algunos gestos son más tranquilizadores o más cálidos que otros, y que por consiguiente conviene aprenderlos para reemplazar a los otros integrándolos al discurso y al conjunto de la comunicación. Es una receta milagrosa para fabricar incongruencia, y la impresión de falsedad que se experimenta ante la expresión de esos personajes públicos después de haber pasado por el molde común de los gestos oportunos proviene de la inadecuación, del desfasaje entre sus medios de expresión, en este caso entre los gestos y las palabras. Lo mismo sucede con la sonrisa comercial o la amabilidad obligada que a veces nos hace decir *demasiado cortés para ser honesto*. Cuando sonreímos a alguien es porque experimentamos un estado determinado que lo permite; la simpatía, la buena acogida, el interés o el afecto suscitan actitudes, comportamientos de los que forma parte la sonrisa. Ese estado interno se manifiesta a través de un comportamiento constituido por un conjunto de signos visibles y audibles. Cuando esos signos se acuerdan unos con otros el comportamiento aparece como sincero, auténtico, congruente en términos de la PNL.

Un trabajo de desarrollo personal dirigido a acrecentar la congruencia de la expresión debe dirigirse más bien a la causa que al efecto, o actuar sobre la fuente antes que sobre el resultado.

El comportamiento exterior, el conjunto de lo que ofrecemos a los otros en la comunicación resulta de un estado y de una organización interior, razón por la cual me parece más pertinente trabajar en hacer positivo el estado interior antes que en recomponer el comportamiento exterior, lo cual es tan útil como enyesar una pierna de madera.

Las incongruencias pueden ser **simultáneas** cuando la persona expresa al mismo tiempo varios mensajes contradictorios, o **secuenciales** cuando expresa unos tras otros de manera congruente mensajes que se contradicen. El desfasaje entre el comportamiento y la intención ilustra notoriamente el aspecto secuencial de la incongruencia.

Abro un paréntesis a propósito del término congruencia e incongruencia que no pueden ser reemplazados por los de coherencia e incoherencia. Se trata en efecto de dos niveles diferentes. En francés el término congruencia existe en el lenguaje matemático, mientras que el término incongruencia no existe. La definición que damos de ella en términos de la PNL se refiere a un lenguaje psicológico y designa la descripción de una comunicación. Cuando utilizamos el término de coherencia designa un estado o una estrategia; podemos estudiar cómo una persona mantiene su coherencia entre sus creencias y comportamientos, la coherencia no garantiza sin embargo la congruencia, ni la incoherencia se traduce necesariamente en incongruencias.

¿QUÉ HACER?

La tarea es doble, dado que por una parte hay que detectar las incongruencias, y por otra ser congruente si queremos dar a nuestros interlocutores una comunicación clara, directa, sin ambigüedad, que traduzca nuestro objetivo del modo más exacto posible, para que sea comprendida como tal.

Por otra parte, cuando logramos detectar las incongruencias de un interlocutor, sucede que los fenómenos de mimetismo característicos de la relación logran llevarnos a su incongruencia. Este comportamiento suele expresar un conflicto en la persona, que de esa forma lleva a sus interlocutores a participar de ese conflicto. En este caso se ofrecen dos soluciones: entrar en el juego o adoptar una actitud de arbitraje.[1]

Aprender a detectar las incongruencias exige bastante agudeza sensorial. En efecto, no sólo es necesario percibir la mayor cantidad de elementos posible sino además compararlos para verificar si son compatibles entre sí.

Una vez que aprendió usted a calibrar un comportamiento, desarrolló su sentido de la observación; sólo se trata de una etapa suplementaria.

2. DETECTAR LAS INCONGRUENCIAS

Ejercicio 19

Si se ejercita, puede usted hacer una lista de mensajes a observar (postura, gestualidad, expresión del rostro, calidad de la voz, elección de las palabras, etc.); provisto de esa lista, encuentra un lugar de observa-

[1] Véase más adelante en el Capítulo 6.

ción (un lugar público). Elija a continuación una persona como sujeto de observación, y dése unos minutos para estudiar su comportamiento en la comunicación. El mejor método consiste en observar alternativamente cada detalle elegido y compararlos después para verificar su congruencia.

Procedimiento a seguir etapa por etapa:

— aprender a observar los mensajes que pueda ver;

— aprender a observar los mensajes que pueda escuchar;

— observar globalmente (visual y auditivo);

— observar comparando los mensajes emitidos por la derecha de la persona con los emitidos por su izquierda (¡la mano derecha suele ignorar lo que hace la izquierda!).

Ser congruente

1. Conocer su objetivo

Son necesarias varias condiciones: la primera es conocer bien el objetivo, es decir, saber lo que quiere usted. Para hacerlo, remítase a las preguntas de objetivo, y bajo la forma de diálogo interior ejercítese en aplicar los instrumentos de esclarecimiento del metamodelo con el fin de llegar a una respuesta precisa que pueda expresarse en términos sensoriales, positivamente.

2. Conocer sus equivalencias conductuales

3. LAS EQUIVALENCIAS CONDUCTUALES O COMPLEJAS

La segunda condición es el conocimiento de sus **equivalencias conductuales**. También se llaman equivalencias complejas. Los dos términos suelen confundirse. Para mayor claridad, voy a utilizar aquí el término de equivalencia conductual para designar la manera como mostramos nuestro estado interior a través de nuestro comportamiento, y el de equivalencia compleja para describir la expresión concreta de un criterio.[2]

Una equivalencia conductual es la demostración de un estado interior definido por un término (distraído, atento, respetuoso, etc.). Si queremos expresar un estado interior, lo hacemos con palabras y con una demostración física. Resulta a menudo que un comportamiento que expresa un estado de su autor no sea percibido como tal por la persona a quien se dirige, lo que señalamos antes a propósito del desfasaje entre comportamiento e intención.

El trabajo de autoobservación realizado en video permite descubrir sus equivalencias conductuales dado que cabe actuar con naturalidad. Pero para aportar una información pertinente este test ha de completarse mediante la observación de otras personas. En efecto, no basta con "comprenderse" para ser comprendido como pretendíamos, a veces incluso tendremos que adaptar nuestras equivalencias conductuales a la percepción de nuestros socios.

Todos poseemos equivalencias conductuales para nuestros estados interiores. Tal vez esté usted muy atento cuando se inclina hacia adelante, la cabeza apoyada en la mano, el codo sobre la mesa, la mirada algo

2 Véase el capítulo que sigue.

lejana, pero ese comportamiento puede ser percibido de modo muy diferente según la persona que lo observe.

Cuando aprendió a calibrar, ya ha entablado conocimiento con las equivalencias conductuales, dado que pudo reconocer en los mensajes que ha expresado su interlocutor un estado interior determinado.

Esta nueva etapa va un poco más allá. No nos vamos a contentar solamente con calibrar una respuesta sí/nó, o verdadero/falso, sino todo un conjunto de signos que traducen un estado interior preciso.

Ejercicio 20: En grupos de a tres, un sujeto, un actor, un testigo

– el sujeto elige un comportamiento al que define con un término (atención, respeto, afecto u otro comportamiento de su elección);

– el sujeto muestra al actor cómo manifiesta ese comportamiento;

– el actor da indicaciones precisas al sujeto para que eventualmente modifique su comportamiento hasta percibir correctamente según él el estado interior que eligió el sujeto;

– el testigo registra las diferencias;

– turnarse para que cada cual pueda desempeñar los tres papeles y experimentar varias equivalencias conductuales.

El objetivo de este ejercicio es permitirle descubrir cuáles son para usted los puntos de referencia que orientan su comprensión. Cuanto más sean los comportamientos diferentes que puede usted aceptar para significar el mismo mensaje, mejor es la calidad de percepción de los demás de que dispone. Eso le da también la posibilidad de adaptarse.

La congruencia de un comportamiento es una condición necesaria para su comprensión por los otros.

Gregory Bateson[3] nos dice que la esencia de la comunicación es reducir el azar. De hecho, los mensajes que recibimos de los demás nos permiten prever sus comportamientos, y cuanto más claros y congruentes son los mensajes, mejor los percibimos y más cómodos nos sentimos en la interacción porque nos dicen cómo adaptarnos a ella.

Esta sensación positiva es indispensable como prueba de comprensión; está siempre presente a la salida de una estrategia de toma de decisión o de resolución de problema. Importa pues hacerla surgir en nosotros, es lo que se llama estar en situación de recurso, de reconocerla y provocarla en los otros, cosa que vamos a aprender a realizar gracias a los anclajes.[4]

4. LA SITUACION DE RECURSO

Es esencialmente el estado positivo que nos permite disponer de todas nuestras posibilidades. Si una persona tímida o muy emotiva se encuentra en situación de estrés, no dispondrá de los recursos que le darán la posibilidad de resolver esa difícil situación.

Es una experiencia que probablemente todos hayamos vivido, o que vivimos a veces.

Lo digno de destacar es que nuestros comportamientos, nuestros estados emocionales, aparecen casi automáticamente en ciertos contextos.

Las dificultades provienen del hecho de que nuestros comportamientos no siempre son apropiados al contexto donde surgen. Sin duda lo fueron al menos una vez en nuestra experiencia, pero eso no les impide

3 *Vers une ecologie de l'esprit.*
4 Véase este capítulo más adelante.

existir en momentos en que no los necesitemos realmente.

El comportamiento de huida o evitación frente a ciertas situaciones puede haber sido útil una vez, por ejemplo en el caso de miedo a los insectos (o de otros animales), pero no se justifica cada vez que la persona ve un insecto; ahora bien, el solo hecho de ver una mosca, aun de lejos, provoca reacciones de miedo aun cuando no haya peligro.

Es el aprendizaje particularmente eficaz de un condicionamiento.

Del mismo modo, podemos hacer aparecer estados positivos, basta una información visual, auditiva o kinestésica para remitirnos a una situación agradable, o a lo que se denomina situación de recurso. Ese estímulo visual, auditivo o kinestésico es lo que en PNL denominamos un **anclaje**.

5. EL ANCLAJE

Habíamos evocado la aptitud al condicionamiento y subrayado que un comportamiento, una vez aprendido o vivido, podía volverse disponible siempre que existan el estímulo o anclaje apropiados para desencadenarlo.

Sin darnos cuenta distribuimos anclajes en cantidad. Cuando empleamos cierto tono de voz para decir *hum* cada vez que nuestro interlocutor concluye una frase, ese tono de voz es el anclaje que mantiene a nuestro interlocutor en un estado interior específico. Si modificamos el anclaje modificamos el comportamiento de respuesta.

El anclaje es un fenómeno de asociación (una información desencadena un estado interior). Al mirar una foto, puede usted revivir mentalmente la situación que le recuerda; algunas músicas le harán evocar esa situación; lo mismo sucede con las sensaciones táctiles, olfativas o gustativas que se encuentran asociadas en su experiencia con una situación que ha vivido. La literatura abunda en estas experiencias, siendo una de las más célebres la del bizcocho de Marcel Proust.

Nuestro objetivo aquí es en primer lugar tomar conciencia de este fenómeno, y en segundo lugar utilizarlo con el fin de provocar en nosotros estados positivos, y finalmente utilizar el anclaje para los otros.

6. EJERCICIOS

Ejercicio 21: Solo o de a dos

—Piense en un momento en que dispuso usted de una situación de recurso óptima; mentalmente, defina sus circunstancias con precisión hasta el momento en que puede en cierto sentido revivir esa experiencia.

—Cuando ha llegado al máximo, cuando ha podido recrear su situación de recurso, tome con el pulgar y el índice de la mano derecha el extremo de su dedo meñique izquierdo, y mantenga el anclaje unos segundos.

—Deje el anclaje y vuelva al contexto de aquí y ahora.

—Ahora, piense en una situación ligeramente desagradable, en la que sabe que necesitaría sus recursos pero no dispone de ellos.

—Cuando esté en la situación, efectúe el anclaje precedente y observe en qué cambia eso su experiencia.

Si hace el ejercicio de a dos, hay un sujeto y un actor; este último debe calibrar el comportamiento traduciendo la situación de recurso y anclar en el momento en que la reacción es más evidente. Asimismo en la segunda parte debe anclar en el momento del pico de la reacción para estar seguro de anclar en el momento oportuno.

En el ejercicio, utilizamos un ancla kinestésica, pero podía haber sido visual o auditiva. En el curso de la conversación utilizamos más bien anclas visuales y auditivas relativas a nuestro comportamiento.

Si le pregunta a una persona qué hace cuando necesita darse coraje o ponerse en forma para el día, le comunicará su estrategia y usted reconocerá el o los anclajes que utiliza. Uno de mis practicantes afirma que no trabaja bien si no empieza el día con un buen café. En su caso es el aroma del café el que constituye el anclaje kinestésico que lo lleva a su situación de recurso.

Uno de los anclajes kinestésicos más conocidos es el apretón de manos; en efecto, según la calidad de la sensación táctil lleva a diferentes estados interiores y a diferentes actitudes.

Ejercicio 22: De a dos

—Va a experimentar usted el apretón de manos, en primer lugar el que da habitualmente; le pregunta a su socio lo que significa para él ese apretón a nivel de la experiencia: ¿qué siente cuando le estrecha la mano, y qué deduce de usted a partir de ese gesto?

—En un segundo tiempo modifica usted su actitud (más o menos tónica, más o menos larga, más o menos fuerte) y verifica cómo afecta eso la sensación de su socio.

En el curso de la conversación tiene usted oportunidad de reconocer el estado positivo de su interlocutor calibrándolo. Según los contextos, algunas preguntas que exigen a la persona hablar de cosas positivas describiéndolas bastan para hacer surgir un estado positivo. En ese momento lo que haga será un anclaje: si modifica el tono de su voz, si adopta una postura particular, eso funcionará como anclaje.

Sin embargo es importante recordar con precisión el anclaje que se empleó par ser capaz después de hacer resurgir el estado positivo calibrado inicialmente.

Una representante me cuenta que sin saberlo emplea dos tipos de anclaje. Por una parte siempre se viste con el mismo estilo cuando visita a sus clientes (anota en una libreta informaciones diversas a propósito de un cliente real o potencial, pero también anota cómo estaba vestida ese día que pasó), por otra cuando vuelve a citarse con ellos se presenta bajo el nombre que ellos le dan. En efecto, a menudo los clientes dan al representante el nombre del producto que vende; al utilizar ese nombre, ella asocia su presencia con el producto y refuerza esa asociación al nivel del cliente induciendo un estado positivo a través del aspecto humorístico del procedimiento.

Algunas personas manifiestan su atención a lo que ven o escuchan acercándose o inclinándose hacia su interlocutor; cuando eso sucede durante una conversación me adapto a esa postura reflejándola, y cada vez que necesito la atención de mi interlocutor me acerco ligeramente reproduciendo así su actitud de atención. Cuando la persona demuestra su atención a través de otro comportamiento, el procedimiento de anclaje sigue siendo el mismo.

Un jefe de empresa emplea entre otros medios un anclaje de motivación para sus vendedores; hace colgar en todas sus agencias una magnífica fotografía del vehículo de trabajo que se entregará a los mejores.

Para vender por teléfono, se aconseja a menudo ubicarse en situación. Algunas recomendaciones resultan muy pertinentes, tales como sonreír, vestirse como si se estuviera frente al cliente. Las cosas se complican cuando se incita al vendedor a distenderse; en efecto, la voluntad no basta, ¡sería como darse la orden de ser feliz! Podemos distendernos pensando en algo agradable que llevará a la distensión, sin proponérnosla. Para los vendedores que utilizan el teléfono, aconsejo tener en la habitación donde trabajan algo que les haga pensar en una situación agradable, una foto o algún objeto funcionará entonces como anclaje visual positivo.

La publicidad utiliza abusivamente del anclaje, asociando por ejemplo una música y/o una imagen con un producto. La persona que percibe la imagen o el sonido aprende a vincularlas con el producto y lo preferirá a otro que no ha sido anclado así. Usted reconocerá fácilmente en ese procedimiento una forma de condicionamiento.

Con el **anclaje**, estudiamos uno de los principales medios de influencia. Como todas las técnicas del PNL hay que practicarla ante todo sobre sí mismo para generar estados positivos que permitan mejorar la propia competencia.

Cuestionarse el **metamodelo** permite ejercer una influencia con un objetivo de clarificación del discurso y la experiencia. Las técnicas de **relación** influyen también en este sentido dado que están hechas para instaurar el clima de confianza indispensable para que cada cual alcance su objetivo en el vínculo.

Ejercicio 23: Dos personas, A y B

– **A** le pide a **B** que piense en una situación agradable;

– cuando **B** revive mentalmente su experiencia agradable, **A** le da un ancla kinestésica;

– **A** mantiene su ancla unos segundos, la levanta y pide a **B** que vuelva al contexto de aquí y ahora;

–**A** y **B** hablan unos minutos para hacer un intervalo;

–**A** le pide a **B** que piense una experiencia medianamente desagradable;

–cuando **B** revive mentalmente esta experiencia, **A** le pide que salga de ella. El tono de voz de **A** será un anclaje auditivo que interrumpirá a **B**;

–**A** y **B** hacen otro intervalo;

–**A** le pide por último a **B** que piense en esa experiencia desagradable, pero asocia el ancla kinestésica que dio en ocasión de la primera experiencia.

El papel de **A** consiste en calibrar el comportamiento de **B** durante esta última fase. ¿Puede observar las mismas reacciones?

El papel de **B** consiste en decirle a **A** en qué modificó el anclaje su experiencia.

CAPITULO 5

Los medios de influencia

1. Los criterios

Cuando ingresamos en el mundo de los criterios y los valores partimos a descubrir el porqué de la experiencia, el terreno por excelencia de la subjetividad. Sin embargo vamos a abordarla con el mismo procedimiento que utilizamos para estudiar los puntos descriptos antes y que consiste en buscar el cómo. Aquí aparece claramente que esta distinción entre cómo y por qué, aunque presenta rasgos útiles, sigue siendo sin embargo muy artificial, dado que estudiando uno se estudia también el otro.

Nuestro objetivo no es aquí explicar cómo se instalan los criterios y valores; sólo sabemos que es a través de las experiencias de la historia personal en cuyo curso el individuo se siente particularmente concernido por lo que le sucede. Lo que queremos mostrar es cómo es posible conocer, descubrir los criterios y los valores de otra persona. Del mismo modo que empleamos el sistema de representación sensorial dominante de la persona para comunicar lo que hace a la forma, utilizaremos prioridades que jerarquizan sus criterios en lo que hace al contenido.

El principal instrumento es el interrogatorio. El calibraje viene a verificar después la congruencia de las respuestas.

La estrategia de objetivo puede servirnos de nuevo como marco básico.

Cuando la persona ha contestado a la primera pregunta, es decir, "¿qué quiere?", antes de pasar a la segunda vamos a preguntar:

—¿Qué espera usted de eso? o ¿qué piensa?

Si se trata de un producto, gracias a esta pregunta o a una pregunta de este tipo sabrá usted cuáles son los criterios que aplica la persona para definir lo que espera.

La segunda pregunta de la estrategia de objetivo puede ser retomada así:

—¿Qué pruebas quiere tener?

Vamos a volver más extensamente sobre este punto en el Capítulo 6, a propósito de la PNL aplicada a la venta.

Sobre el esquema que representa la interdependencia del comportamiento exterior con el estado interior y la organización interior, subrayamos que este sistema evolucionaba en el marco de los criterios y las creencias o valores de la persona. Los criterios y valores forman parte integrante del mapa de la realidad o representación del mundo a través del cual la persona actúa.

—¿Qué es, para usted, lo más importante? ¿En primer lugar, y en segundo?

—¿Qué importancia tiene eso para usted, o para otra persona?

Las respuestas le darán la jerarquía de los criterios que ha de respetar si quiere que sus argumentos sean aceptados. Esta jerarquía aparece en el orden de la enunciación de criterios, pero también en el comportamiento que acompaña a las palabras. El primer criterio no es siempre el que tiene la prioridad sobre los otros, incluso a veces está expresado en último término.

Lo mismo que en las preguntas de la estrategia de objetivo, puede usted explorar las pruebas (los criterios) útiles para los otros — ¿qué es lo que le probaría a otro que alcanzó usted su objetivo?

La cuarta pregunta: ¿Qué es lo que le impide alcanzarlo? Tal vez formulada así o adaptada:

— ¿Qué podría detenerlo?

— ¿Qué es lo que le estorba?

Del mismo modo, las respuestas deben estudiarse en términos de jerarquía, las objeciones que se formulen después de esta pregunta serán un reflejo de los criterios y de su jerarquía.

— ¿Cuál podría ser el principal obstáculo?

La pregunta: ¿qué pasaría si se diera? se transforma en:

— ¿Qué es lo que cambiaría (en primer lugar, en segundo, en último)?

Por fin, la dos últimas preguntas hacen entrar en juego el marco del tiempo y son reformuladas así:

— ¿Qué es lo más importante ahora?

— ¿Qué será lo más importante después?

Claro que estas preguntas no siempre son pasibles de ser formuladas así, lo que hay que retener es el espíritu dentro del cual conviene usarlas y cómo orientan la conversación.

La detección de los criterios reviste una gran importancia en situaciones en que la persona se implica especialmente, por ejemplo en ocasión de buscar un nuevo trabajo, o de una inversión gravosa.

Tuve la oportunidad de animar a grupos de gente en busca de empleo en el terreno comercial, en su mayoría practicantes que tenían experiencia de venta y deseaban encontrar un puesto en el sector. Mi misión consistía en prepararlos psicológicamente para las entrevistas de admisión que tendrían en las semanas o meses siguientes.

Empleé criterios en dos niveles, dado que mi objetivo era por una parte motivar y por otra ayudar a los practicantes a conocer mejor sus objetivos. En un primer momento hablé en términos de venta y retuve lo que a ellos les parecía importante: se trataba sobre todo de gusto por los contactos humanos y de conocimiento del producto. Así que presenté la situación del modo siguiente: en el curso de una entrevista de admisión, ante todo ha de venderse usted, es decir, vender su competencia, ¿conoce bien el producto?

Los criterios poseen equivalencias complejas como los estados interiores equivalencias conductuales. Si alguno de ustedes dice que una limpieza es buena, el criterio de "buena limpieza" supone un conjunto de cualidades verificables en tanto informaciones sensoriales que constituye la equivalencia compleja del criterio.

Lo mismo que para las sustantivaciones, los criterios pueden aclararse, basta con encontrar la equivalencia compleja:

—¿Cómo sabe usted que ese producto es bueno?

Claro que existen muchas otras preguntas destinadas a poner en evidencia los criterios que la persona utiliza. Veamos algunas a título de ejemplo.

—¿Cómo eligio su actividad?

—Cuénteme su mejor experiencia profesional (u otra).

—¿Cuáles serían para usted las condiciones ideales de trabajo?

—¿Qué es un verdadero éxito?

—¿Qué es un fracaso?

—¿Cómo define la eficacia? (o cualquier otro atributo).

—¿Qué lugar otorga al ocio en su vida? (o a otra cosa).

De manera general, cuando tratamos de conocer los criterios de alguien, las preguntas se orientan de modo tal de obtener respuestas descriptivas en términos de equivalencias complejas y jerarquizantes. Es importante relevar el orden en que se enumeran los criterios; ese orden permite acceder a las prioridades de la persona así como a su estrategia. Claro que las respuestas deben verificarse al nivel no verbal y verbal para medir su congruencia.

Construya su jerarquía de criterios respondiendo a las siguientes preguntas:

1) Tiene un proyecto que le importa, ¿qué podría impedirle realizarlo?

Respuesta 1 [ ]

2) ¿A pesar de eso qué lo obligaría a realizarlo?

Respuesta 2 [ ]

3) Si el obstáculo 1 se resuelve, ¿qué podría impedirle realizarlo?

Respuesta 3 [ ]

4) A pesar de este último obstáculo, ¿qué le obligaría a realizar el proyecto?

Respuesta 4 [ ]

5) Resuelto el obstáculo 3, ¿qué le impediría realizarlo?

Respuesta 5 [ ]

6) A pesar de todos estos obstáculos, ¿qué le obligaría a realizar su proyecto?

Respuesta 6 [ ]

Las respuestas 5 y 6 le indican los criterios más importantes.

2. LAS CREENCIAS Y LOS VALORES

En términos de la PNL los valores se asocian con las creencias. en efecto, los valores se desprenden de las creencias y ellas determinan los criterios que habrán de ser satisfechos por el comportamiento.

Cada cual posee creencias y valores surgidos de ellas, incluso las personas que incurren en comportamientos socialmente reprobados obedecen a un sistema de valores diferentes de los habitualmente admitidos sin cuestionamiento. Sin embargo, esos valores existen y constituyen el elemento que hace posibles la acción, el comportamiento, son la fuente de la motivación.

Una vez que hemos comprendido a qué valor obedece una persona en su comportamiento llegamos a conocer la creencia inicial, y entonces podemos definir a esta persona en una frase que transmitirá lo que ella tiene de esencial.

Una de las propiedades más dignas de destacarse de las creencias, es que generan los filtros necesarios a su mantenimiento, como lo muestra Paul Watzlawick en su obra *Faites vous mêmes votre malheur* (*Haga usted mismo su infortunio*), donde explica entre otros ejemplos que si está usted seguro de que sus vecinos están participando de un complot contra usted, el hecho mismo de que lo nieguen prueba que participan.

Si usted cree que el mundo es peligroso, actuará en consecuencia, y no percibirá de la realidad sino lo que alimente su creencia.

Este fenómeno se aproxima a los universales de modelaje de la experiencia.[1]

[1] Véase el Capítulo 3.

El ladrón que reincide después de haber sido detenido una o varias veces porque cree que no volverán a capturarlo, aun cuando vea encarcelados a otros malhechores, aun cuando él mismo haya estado preso, eso no basta para poner en duda su creencia: la próxima vez no me agarran.

Evoquemos los criterios, los valores o las creencias, hablemos del porqué de los comportamientos; y la razón por la cual es interesante descubrir el hilo conductor de las acciones de una persona es que este descubrimiento nos permite prever sus reacciones.

El sistema de valores se parece un poco a una pared en construcción, donde cada ladrillo representa un elemento de la experiencia que viene a reforzar el edificio de las creencias. Cuando logra usted conocer los criterios de una persona, está en la pista que conduce a los valores y después a las creencias, y podrá no solamente prever en gran medida los comportamientos de la persona sino también influir sobre ellos si presenta sus sugerencias en sentido acorde con el de los datos.

Lo que importa comprender es que las creencias comandan los comportamientos de modo imperativo. La persona que obedece a una creencia no lo hace siempre conscientemente, pero sabe que no puede actuar de otra manera. Es evidente que cuando logramos conocer nuestras propias creencias somos conscientes de lo que podrá o no ejercer influencia sobre nosotros, y ello nos permite acceder a la flexibilidad necesaria como para adaptarnos a las diferentes circunstancias con que nos encontramos.

Las creencias se construyen a través de las experiencias personales, vividas o no, que constituyen la historia particular de un individuo, pero nuestro objetivo aquí es mostrar algunos puntos esenciales alrededor de los cuales se articulan los comportamientos de una persona.

Se pueden clasificar los valores de una persona en tres grandes categorías, según estén vinculadas con la **identidad**, la **relación** y el **poder**.

A veces recurro a un ardid para descubrir la categoría donde podré identificar los valores de alguien. Partiendo del principio de que si la persona puede elegir una actividad se orientará preferentemente hacia la que está destinada a alimentar sus valores prioritarios, formulo preguntas a propósito del ocio. Por ejemplo, si me las tengo que ver con un deportista podré deducir el valor que exige satisfacción de acuerdo con la disciplina que haya elegido. En efecto, alguien que elige un deporte en equipo responde a una necesidad de relación o de poder según el papel que desempeña en el seno de su club, mientras que quien se dedica a un deporte individual se preocupa más por satisfacer una necesidad de identidad, y en ese terreno existen además muchas distinciones posibles.

En otras actividades de tiempo libre, más allá de los modos y comportamientos vinculados con la pertenencia a un grupo social, todavía es posible poner en evidencia el valor que es su causa en la opción de la persona.

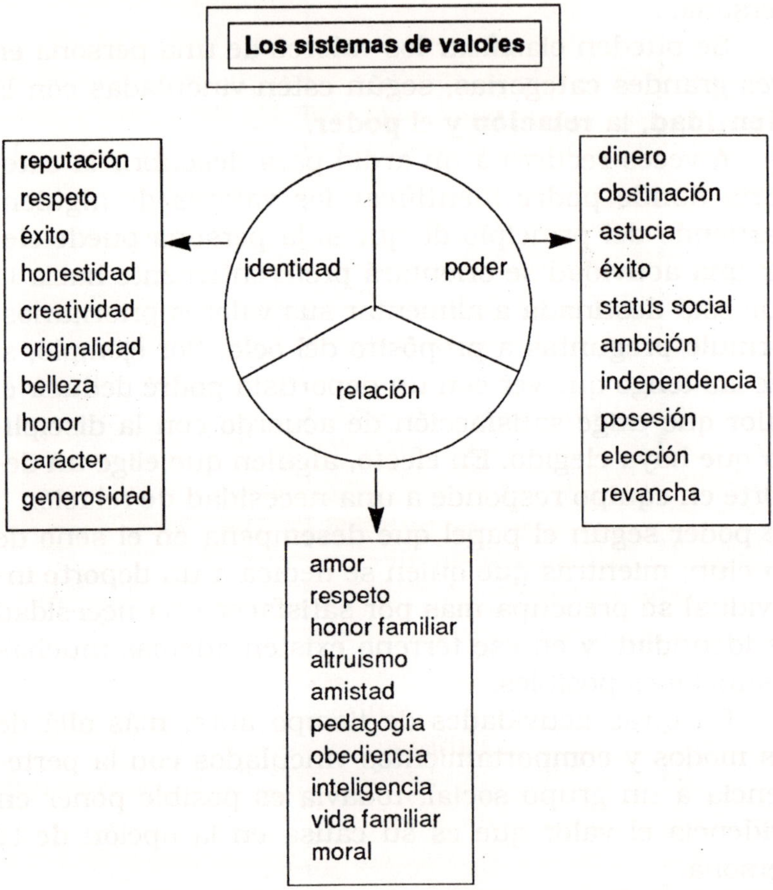

Ejercicio 24: test

En los cuadros figuran algunos valores tipo.

Busque en cada cuadro cuáles le corresponden. Cada valor vale un punto. Haga el total de puntos por cuadro y descubra el orden en que se organizan sus valores.

Deliberadamente utilizo el mismo esquema que

usé para describir la relación entre el comportamiento exterior, el estado interior y la organización interior para ilustrar la organización de valores. En efecto, identidad, poder y relación están vinculados los unos con los otros. Algunas personas aseguran su identidad teniendo una actividad en el seno de un grupo o una asociación que satisfaga su necesidad de relaciones, otros sólo encuentran su identidad en el poder que pueden ejercer sobre los demás.

En el curso de una encuesta sobre la motivación, le pregunté a una clienta que había retomado y logrado culminar estudios largos y difíciles después de haber criado a tres hijos:

—¿Qué orientó su opción por el estudio?

Ella reflexionó y al rato respondió:

—Quería hacer una síntesis de mis conocimientos.

El tono de su voz no me convencía, e insistí:

—¿Eso es todo?

—Hum... No, para lograr cosas difíciles, que otros consideran insuperables, hace falta un motivo sólido.

Subraya ese *sólido* levantando la voz, haciendo un gesto y meneando la cabeza.

—¿A qué llama un motivo sólido? —digo reiterando el tono específico sobre *sólido.*

—Oh, para mí es simple, quería acercarme a mis hijos, para poder seguir ocupándome de ellos.

—¿Era su principal inquietud?

—Sin duda.

—¿Eso bastaba para darle ganas de retomar los estudios?

—No del todo. Hubiera podido encontrar otros pretextos. En realidad también quería demostrar que como mujer era capaz de logros en el nivel intelectual, y tal vez mejor que un hombre en ese terreno.

Este fragmento de conversación muestra con claridad que con algunas preguntas es posible descubrir los valores que servirán para motivar a una persona.

Para mi clienta lo más importante es la familia; encontrará los medios para inscribirse en la universidad de la ciudad donde viven sus hijos a pesar de las dificultades que presenta cambiar de academia. En segundo lugar necesita demostrar que puede tener tantos o más logros que un hombre en el terreno que ha elegido. La motivación intelectual viene en último término; existe, pero no es determinante.

Cabe decir entonces que en primer lugar necesita satisfacer una necesidad de relación (lo cual coincide con el hecho de que ejerza una profesión donde predomina la relación de apoyo terapéutico). En segundo lugar es un problema de poder, que se encuentra por otra parte en el espíritu de competencia que desarrolla en el curso de sus estudios, tiene que ser la mejor, la primera. En tercer lugar, una necesidad de creatividad y de realización personal se abre paso en relación directa esta vez con la identidad.

Provistos de estos recursos poseemos los medios de presentar una información de acuerdo con la jerarquía de valor de la persona. No hace falta decir que el señuelo de las gratificaciones de orden personal motivará sólo accesoriamente a una mujer así, salvo que se le pueda demostrar que esas gratificaciones le van a ser útiles o necesarias en sus relaciones de apoyo a su familia o a los otros.

Una vez más, descubrir los valores de las personas que nos rodean es una cuestión de percepción. Se trata de estar alerta en relación con el contenido del discurso y con el modo como lo puntúa el lenguaje no verbal.

Algunas preguntas específicas pueden ayudarnos en este descubrimiento, veamos algunas:

1. ¿Hay algo que usted no podría hacer?

2. ¿Qué clase de personas serían capaces de hacerlo?

3. ¿Cómo las calificaría?

4. ¿Existe algo que usted no quiera hacer?

5. ¿Qué clase de persona sería capaz de hacerlo?

6. ¿Qué es lo que no tolera en los otros?

7. ¿Cómo se definiría en pocas palabras?

Estas preguntas están destinadas a concentrarnos en el modo como se considera esa persona. En general, se define como lo opuesto a las respuestas que da en las preguntas 2 y 5; sin embargo la respuesta a la pregunta 6 da una idea de lo que la persona busca combatir en ella misma y ese valor indica la creencia involucrada. Por ejemplo:

—¿Qué es lo que no tolero en los otros?

—La intolerancia.

—¿Cómo se definiría en pocas palabras?

—Hum... Trato de comprender a los otros, no siempre es fácil.

¡Lo que había que demostrar!

3. LOS PRESUPUESTOS

Mientras que los criterios, los valores y las creencias pueden relacionarse con los fenómenos de generalización (una sola experiencia puede generar una creencia), los presupuestos están más referidos a un mecanismo de omisión, dado que por definición no se formulan, y de distorsión debido a su carácter construido (véanse los universales de modelaje de la experiencia). Para que un mensaje tenga un sentido, construimos lo que creemos útil, evidente y necesario a ese efecto, así es como elaboramos presupuestos.

Los presupuestos no se formulan, están contenidos en los mensajes verbales y no verbales. Cabe considerarlos como la intención real o imaginaria de un mensaje, y existen a la vez en la persona que emite y en la que recibe el mensaje.

Hay dos tipos de presupuesto:

– Las **deducciones:** son la consecuencia lógica observable sobre todo al nivel verbal de la afirmación.
– Las **implicaciones**: se trata más bien de lo que imaginamos a partir de la afirmación, son las interpretaciones del mensaje y se observan más al nivel no verbal.

En lo que concierne a la comunicación, nuestra atención se concentra más bien en las implicaciones que en las deducciones, porque pueden dar lugar a muchos malentendidos.

Cuando nos entregamos a las delicias de la interpretación haciendo la lista de las implicaciones de un mensaje, nos alejamos insensiblemente de los hechos, y en consecuencia ponemos al descubierto nuestros criterios.

Tomemos el ejemplo conocido (mencionado por Ronald Laing en *Noeuds* [Nudos] y por Paul Watzlawick en *Faites vous mêmes votre malheur*, para ilustrar el mecanismo de la doble coacción) de la madre que le ofrece al hijo dos corbatas, una roja y una azul. Al día siguiente el hijo se pone la corbata azul y la madre le hace con tono amargo la siguiente observación: ¡Ya veo que la roja no te gusta!

Al nivel de deducción esta historia supone la existencia de dos personajes, una madre y su hijo; la de dos corbatas, una azul y otra roja, etc., se presupone la existencia de todos los elementos formulados en la anécdota.

En lo que hace a las implicaciones, si nos colocamos en el lugar de la madre podemos presuponer: "No le gustan las corbatas rojas, no se atrevió a decírmelo pero yo lo adivino porque soy una madre solícita".

Si nos ponemos en el lugar del hijo podemos presuponer: "Me ofrece corbatas para obligarme a usarlas porque son un regalo, ella sabe que no me gusta usar corbatas, pero como quiero ser cortés con ella me voy a poner una". Claro que nada de esto está dicho explícitamente en la historia en cuestión, y no importa qué otras interpretaciones podían haberse hecho del asunto.

Gracias a las implicaciones podemos imaginar las intenciones ocultas de un escritor, de un poeta, de un político, de nuestros allegados. Nuestra intuición nos lleva a certezas, a tomas de posición, y a veces llegamos a callejones sin salida cuando no delimitamos lo que la persona expresó de lo que se interpretó a partir de allí.

Utilización de los presupuestos

La primera etapa consiste en reconocerlos, para lo cual hay un medio simple: cuando una persona pronuncia una frase, trate de hacerse de ella una imagen clara. Todo lo que no se ha dicho explícitamente y sin embargo usted se representa en esa imagen, es su interpretación.

Ejemplo:

—Me gustan los gatos porque se conducen con dignidad.

Usted puede representarse sin esfuerzo a la persona y a un gato, tal vez conozca el animal en cuestión, pero todo lo que ilustre "me gustan" y "se conducen con dignidad" es exclusivamente fruto de su imaginación.

Gracias al mismo método identificamos las omisiones.[2]

Sin embargo, aquí hay que redoblar la atención al lenguaje no verbal: el tono de la voz, los gestos, la expresión del rostro, en fin, todo lo que viene a puntuar el discurso se une para aportar informaciones a propósito de lo presupuesto.

Si volvemos al ejemplo de la madre que ofrece dos corbatas a su hijo, el significado de la implicación está contenido en parte en el tono de la voz y el comportamiento que acompaña a la afirmación: "Ya veo que la roja no te gusta".

Ejercicio 24
Tres personas, A, B y C (también se puede hacer el ejercicio de a dos)

—**A** propone un objetivo, un proyecto en una o dos frases;

—**B** le hace preguntas a propósito de lo que dijo;

—**C** identifica los presupuestos contenidos en lo que dice **A** en las preguntas de **B**; se turnan.

Una vez identificados los presupuestos, resta elegir lo que quiere hacer con ellos. En muchos casos, conscientes de que los presupuestos del interlocutor son los mismos que los suyos seguirá su conversación sin pre-

2 Véase el metamodelo para el lenguaje.

ocuparse más. Sin embargo, todavía tiene otras tres posibilidades:

1) Ponerse de acuerdo:

Es decir, aceptar el presupuesto, provisoriamente o no.

2) Refutar:

Desafiar la existencia del presupuesto, o refutar su pertinencia, o incluso interrumpir el proceso.

3) Reorientar:

Es una combinación en secuencia de las dos opciones anteriores. En un primer momento, se acepta el presupuesto, en un segundo momento se lo refuta. Es el *sí, pero* que todo el mundo conoce, el arte de encontrar los contraejemplos pertinentes.

Para reorientar, disponemos de todo un arsenal que se presenta bajo el nombre de menú de influencia, y que vamos a estudiar enseguida.

Ejemplo

—Tengo la intención de pasar las vacaciones en el planeta Marte.

Ponerse de acuerdo: Fui el año pasado, es un lugar maravilloso.

Refutar: ¡Eso es imposible!

Reorientar: Es una gran idea, pero seguramente va a tener dificultades para abastecerse de combustible; yo en su lugar más bien iría a Saint-Malo.

Ejercicio 25

Solo, en forma de diálogo interior, o escribiendo ejemplos; o bien en grupos de cuatro personas: A, B, C y D, por turno.

—A hace una afirmación;

—B se pone de acuerdo;

—C refuta;

—D reorienta.

Una vez realizados estos dos ejercicios, habrá usted constatado que es casi imposible no hacer presupuestos. Ya nos referimos a esto al estudiar el fenómeno de la adivinación, que es una forma de distorsión (el metamodelo para el lenguaje).

Sin embargo, lo que cuenta es por una parte ser consciente y por otra saber con precisión cómo se presupone, cuáles son los criterios que empleamos para dar un sentido a nuestras experiencias de interacción.

4. EL MENU DE INFLUENCIA

Se agrupan bajo este nombre trece técnicas de lenguaje destinadas a refutar o reorientar lo que afirman nuestros interlocutores bajo la forma de un vínculo de causa-efecto.

Al recorrer estas descripciones, va usted a reconocer con certeza armas que se han empleado en su contra en el curso de conflictos. Cuando presento las técnicas del menú de influencia, algunos de los participantes me hacen notar, a veces con cierta agresividad, que estoy mostrando recetas de manipulación. Un arma carece de intención, pero un hombre armado puede estar animado de intenciones al utilizar el arma. No por eso el instrumento es menos inocente. Asimismo, las técnicas del menú de influencia no vehiculan por sí mismas ninguna mala intención; es más, el hecho de conocerlas bien permite detectar fácilmente el uso que de ellas hacen quienes las utilizan sin saberlo, y sobre todo utilizarlas con plena conciencia, porque si pueden servir para atizar conflictos, también pueden desarmarlos a tiempo.

Cuando una persona enuncia un vínculo de causa-efecto, presuponemos que no es del todo de buena fe, aun cuando no sea completamente intencional. Partimos del principio de que nunca hay una sola causa para un efecto, sino que un conjunto de factores determinan un efecto; por otra parte como esas afirmaciones ponen al descubierto los criterios y creencias de los actores, con el menú de influencia poseemos un instrumento destinado a influir sobre ellos e incluso a hacerlos cambiar de opinión.

Cada rasgo distintivo del menú de inluencia orienta para buscar opciones nuevas a una afirmación perentoria que refleja el callejón sin salida al que ha llegado un conflicto.

Vamos a describir sus mecanismos conforme los vayamos presentando, pero por el momento vamos a elegir un ejemplo típico de un conflicto que nos va a servir a lo largo de la exposición.

Ejemplo: —Siempre llegas tarde, eso demuestra que nuestra relación no te importa.

Es un vínculo de causa-efecto y de igualdad. La causa y el efecto describen una equivalencia conductual, el efecto menciona además un estado interior. También aparece un criterio: la importancia de la puntualidad para el autor de la afirmación.

Si optamos por utilizar el metamodelo, vamos a encontrar varios puntos que aclarar, y en este terreno las técnicas no se excluyen sino que se asocian.

1. Ensanchar o comprimir el debate

—Ensanchar

La técnica consiste en ensanchar yendo hacia niveles lógicos superiores. Si habláramos de un gato, podríamos ensanchar pasando a la categoría felino, después mamífero, después animal, etc. Una posible respuesta sería:

–¿Qué significa "llegar tarde" cuando tenemos toda la vida por delante?

–Comprimir

A la inversa, ahora vamos hacia los niveles lógicos inferiores.

–Sólo me atrasé exactamente diez minutos.

2. Cambiar el marco del debate

Se trata de modificar el marco, es decir el contexto. Podemos modificar su tamaño, su duración o cualquier otro elemento.

–Pareces ignorar lo que pasó hoy;

O bien:

–¿Qué te hace saber mi llegada tarde sobre mi estado de ánimo?

3. Refutar

Como vimos a propósito de los presupuestos, podemos refutar directamente; se trata de saber qué es lo que se refuta, distinguimos entre otros elementos:

–el comportamiento exterior;

–el criterio;

–la causa-efecto.

a) El comportamiento exterior:

–No te das cuenta, pero en realidad me importa.

b) El criterio:

–Entonces para ti lo que cuenta es la hora, ¿en qué me convierto yo allí dentro?

c) La causa-efecto:

–¿Si no llegara tarde creerías que nuestra relación me importa más?

4. La estrategia de la realidad

Este rasgo distintivo plantea la siguiente pregunta: ¿cómo sabe una persona lo que sabe, y qué elementos necesita para dar realidad a su experiencia?

—¿Cómo puedes saber que nuestra relación no me importa?

5. Modelo del mundo

Esta vez se responsabiliza de la afirmación de su autor, es decir, ella sólo tiene sentido en el mundo donde vive el autor.

—Eres tú quien pretende que llegué tarde.

6. El objetivo

Interrogamos sobre el objetivo de la persona o su afirmación:

—¿Qué ganamos haciendo una historia con esto?

—¿Qué ganas haciéndome reproches?

—¿Qué puedo hacer para remediarlo?

—¿Qué piensas hacer para remediarlo?

7. La intención

Esta categoría suele prestarse a confusión con la anterior; en realidad son diferentes, y esta categoría de intención se vincula más con los presupuestos y con la interpretación.

—¿Por qué me reprochas que llegué tarde?

—¡Dices eso para que me sienta culpable!

—¡Me preguntaba si te darías cuenta!

—Me hice tiempo para ir a la peluquería, quería estar impecable para salir contigo.

8. Las consecuencias

Cuando enunciamos las consecuencias negativas, tenemos grandes posibilidades de disuadir a la persona de actuar como lo hace o quiere hacerlo. Es una generalización que se apoya sobre el hecho de que vamos con más ganas hacia lo agradable que hacia lo desagradable (aun cuando las apariencias a veces son engañosas, siempre hay que tener presente ventajas secundarias de un comportamiento). Cuando utilizamos la consecuencia, ilustramos un antiguo proverbio que pretende que *el miedo es el comienzo de la prudencia.* ¡Atención, es estrecha la frontera entre la consecuencia y la amenaza!

—Si sigues así, te arriesgas a que no venga del todo.

—Por pelearnos por este tema se nos hace tarde.

9. Los contraejemplos

La técnica del contraejemplo es el *sí, pero,* ya la evocamos a propósito de los presupuestos.

—Si llegaras tarde, ¿significaría que nuestra relación no te importa?

—Mi madre siempre llegaba tarde, ¡y sin embargo nadie hubiera podido decir que no nos quería!

10. Reformular, redefinir

La técnica es conocida, se puede reformular la frase pero en forma de interrogación, o redefinirla para verificar su exactitud. En efecto, cuando afirmamos algo de mala fe es relativamente difícil repetir por segunda vez la afirmación con la misma convicción:

—Si entendí bien ¿el que yo llegue tarde significa que nuestra relación no me importa?

11. Utilizar la jerarquía de criterios

La técnica consiste en añadir nuevos criterios cada vez más importantes:

—¡Para mí lo más importante es tu presencia, no tu demora!

12. Aplicar el criterio

—¡Hacer toda una historia no favorece la puntualidad!

—¡Al menos mi atraso me da certezas sobre tus sentimientos!

13. Las metáforas

Para elaborar una metáfora se trata de encontrar una situación análoga cuyo desenlace se modifica en el sentido en que se quiere ir. Una metáfora puede ser una anécdota, una historia, una frase, un proverbio; es una herramienta preciosa cuando se trata de ejercer influencia porque las metáforas son mensajes indirectos donde cabe decir lo que queremos sin peligro de herir la susceptibilidad de la persona a quien nos dirigimos.

—También a mí me ha ocurrido pensar como tú, me había inquietado porque demorabas, pero me puse tan feliz cuando te vi llegar que me dije *más vale tarde que nunca.*

Ahora veamos dos ejemplos de metáforas:

"Había una vez dos zorros, uno gris y otro plateado, que vivían en un bosque. En el linde del bosque un campesino criaba gallinas, las dejaba en libertad en un campo. Cada vez que tenían hambre, los zorros iban a capturar una gallina. Al cabo de unos días el campesino construyó su gallinero. Al día siguiente llega el zorro gris, mira el gallinero y dice:

—Qué desgracia, qué gran desgracia, me va a costar mucho abrir la puerta para atrapar una gallina.

Lo logra en medio de recriminaciones, atrapa una gallina y se va.

En eso, llega el zorro plateado y exclama:

—Qué hombre inteligente este campesino, se le ocurrió reunir a todas las gallinas en el mismo lugar para que yo no necesite perseguirlas por los campos, ¡nunca le voy a agradecer bastante la atención!

Atrapa su gallina y se va.

Al cabo de unas semanas, viendo que le siguen robando gallinas, el campesino levanta una pared y la provee de una alambrada.

Al día siguiente llega el zorro gris y se lamenta:

—Qué catástrofe, es pavoroso, ese campesino quiere mi muerte, quiere que me muera de hambre. ¿Cómo hago para buscar mi desayuno?

Logra trepar penosamente la pared sin dejar de quejarse. Baja al gallinero, atrapa una gallina y se pone a subir de nuevo la pared. Cuando llega al borde sigue insistiendo en su desgracia, y por torpeza deja caer la gallina que había atrapado. La gallina logra huir, mientras que el zorro, de rabia, da un mal paso, cae desde lo alto de la pared y se mata.

Al rato, llega el zorro plateado y exclama:

—Pero es extraordinario, no conozco a nadie más inteligente y previsor que este campesino: construyó una pared para que las gallinas no se escapen. Hace todo lo posible para ayudarme, piensa en todo.

Se pone a trepar la pared, atrapa una gallina, hace el camino inverso, y una vez que está de nuevo al pie de la pared descubre los restos de su congénere y concluye:

—¡Hasta tuvo la delicadeza de poner una alfombra para que yo pueda limpiarme las patas!

Esta metáfora ilustra la conocida historia del optimista que ve el vaso medio lleno mientras que el pesimista lo ve medio vacío. Está hecha para mostrar que siempre existen varias maneras de ver la misma situación.

Discutí con un psicólogo que sostenía que para él no había asociaciones culturales entre dos elementos (el pan y el vino, la hoz y el martillo, etc.). Clamaba que por su parte no hacía esas asociaciones, y se pretendía libre de los lugares comunes. Me preguntaba cómo demostrarle que también su espíritu contenía los mismos arquetipos, cuando recordé una metáfora en forma de adivinación; señalándole la puerta de la habitación, que era blanca, le dije:

—Mire la puerta, mírela bien, ¿de qué color es?

—Blanca— afirmó.

—Ahora mire la hoja de papel ante usted, ¿de qué color es?

—Blanca, por supuesto.

—Dígame, ¿qué beben las vacas?

La respuesta estalló con increíble espontaneidad:

—¡Leche!

Después de lo cual no tuvo más remedio que matizar su posición.

En este ejemplo, la metáfora sirve para refutar una opinión, crea una experiencia que concierne a la persona, dado que participa directamente en ella y produce un contraejemplo vívido de la opinión. Este tipo de refutación sólo puede dirigirse a personas muy categóricas que *sólo creen en lo que ven*, en otras palabras, se fían en lo esencial de su propia experiencia sin modificarla con aportes exteriores.

Ejercicio 26

Retomar el ejercicio 17 y añadirle los rasgos distintivos del menú de influencia (trece cartas suplementarias). Elija un tema de conversación y entrénese

Ejercicio 27: Cómo construir una metáfora

—Estudiar la estructura del problema o de la situación que requiere un cambio.

– Buscar una situación o un problema que presenten la misma estructura (isomorfismo) pero cuyo contenido sea diferente.

– Proponer al sujeto la metáfora con el desenlace deseado bajo la forma de una anécdota, de una historia corta, una frase, un comportamiento. La metáfora hace participar la reflexión y la imaginación.

Grupos de 3 personas, A guía, B sujeto, C testigo

– **B** expone a **A** una situación que quisiera cambiar.

– **A** y **C** determinan la estructura de esta situación.

—**A** y **C** ponen en común sus conocimientos y experiencias para encontrar una situación de contenido diferente y de estructura similar; construyen un desenlace que siga el sentido deseado (el cambio).

– **A** presenta a **B** la metáfora bajo la forma de una anécdota, de una historia breve, de un comportamiento, de una frase, etcétera.

– **C** observa las reacciones de **B**.

– **A, B** y **C** exponen lo que experimentan y las reflexiones que deducen de ese ejercicio.

– Cambiar los papeles de manera que cada cual tenga la oportunidad de crear una metáfora.

CAPITULO 6

La PNL aplicada a la venta

Los buenos vendedores saben que no ejercen una actividad que se improvisa, y la creciente exigencia de formación tiende a probar que existe una verdadera toma de conciencia de ello. En este capítulo no pretendo dar un curso de venta, sino mostrar cómo la PNL puede ayudar al vendedor a perfeccionarse en su trabajo, razón por la cual sólo voy a encarar aquí algunos puntos importantes.

Ante todo, una evidencia: suelo escuchar en el curso de las prácticas observaciones referidas a los vendedores natos, al talento, a los trucos infalibles, a secretos... Esos comentarios suponen considerar la venta como un don algo mágico, y en ese sentido no me siento calificada para explicar nada, lo cual no excluye la posibilidad de abordar la venta como un arte.

En efecto, cuando hablamos de arte terminamos por llegar al artista y después al terreno de la puesta en práctica de una técnica, y esta vez hay algo tangible: observar, describir y modelizar. No es menos cierto que determinadas personas tienen más aptitudes que otras en diferentes terrenos, pero con una restricción: no basta estar dotado. Todos los artistas o todas las personas que ejercen una actividad con talento están de acuerdo en reconocer que sus esfuerzos en el trabajo contribuyen tanto, si no más, que la aptitud inicial dada.

Esto no impide que la venta exija el gusto por los contactos con otros, seguramente es la condición esencial y la cualidad que las técnicas se proponen mejorar.

Si hay muchos que piensan todavía que no es obligatoria una calificación específica para convertirse en un buen vendedor, probablemente sea porque la experiencia de la relación con los otros suele asimilarse a una venta. En efecto, cada vez que queremos adaptar nuestro punto de vista o nuestro objetivo a otra persona, entramos en un proceso de venta, tanto al nivel de la enseñanza, de la negociación, como sencillamente de las relaciones humanas. La seducción forma parte integrante de la venta porque el cliente elegirá entre dos productos equivalentes el que le sea presentado de modo tal que lo remita a una imagen positiva de sí mismo. Claro que la seducción cobra formas diferentes según las personas, razón por la cual no puede haber trucos infalibles ni recetas universales. Lo que intentamos comprender aquí es la estructura de los fenómenos, en otros términos, el *cómo* que hace posible la seducción.

En el Capítulo 7, usted encontrará un modelo que explica cómo, una vez pasada la etapa de seducción y atracción, una relación armoniosa se mantiene o marcha hacia la ruptura: se trata del esquema del umbral que se aplica en primer lugar a las relaciones afectivas, pero de manera más general a la mayor parte de las relaciones humanas.

Sin embargo, antes de llegar a esas consideraciones, nos falta estudiar los puntos siguientes que constituyen etapas importantes del proceso de venta: el contacto positivo, la observación, la presentación de los argumentos, el tratamiento de las objeciones y el ganarse la fidelidad del cliente.

1. EL CONTACTO POSITIVO

El psicólogo de uno de mis amigos utiliza en el curso de animación de las prácticas un ejercicio que a veces resulta algo feroz para mostrar a sus estudiantes cómo se forjan *a priori* ideas y juicios sobre las personas a quienes conocen por primera vez. Los participantes se reúnen alrededor de la mesa y pueden observarse. El ejercicio consiste en pedirle a cada miembro del grupo que escriba en una hoja de papel lo que piensa de cada uno de los demás presentes en la reunión; debe escribir una hoja por persona, mencionando su nombre, pero las hojas son anónimas. Concluido este trabajo, el animador recoge las hojas dobladas en una cesta, y empieza el recuento.

El objetivo del ejercicio es mostrar que a menudo nos hacemos ideas falsas de la persona con juicios a primera vista, que van a determinar nuestro comportamiento y el de la persona. Sin embargo hay otro objetivo, que se alcanza de modo más indirecto, y que ayuda a los participantes a responder a la pregunta: "¿Cómo me perciben los otros?". En efecto, la explotación del ejercicio suele mostrar muchas correlaciones entre las observaciones, de manera que la persona en cuestión puede extraer conclusiones en cuanto a la imagen que propone a los demás.

Este ejercicio no cobra su verdadero valor sino cuando el animador se pone en cuestión en tanto miembro del grupo. El también puede beneficiarse de los juicios apresurados que su imagen provoca en los otros; además el hecho de implicarse transmite un mensaje de confianza (confianza en sí y en cada uno de los miembros del grupo) que permite establecer el contacto positivo que hace falta para trabajar.

Cualquiera sea la manera como se lo demuestra, constatamos que es casi imposible no etiquetar a las personas a quienes conocemos por primera vez. Para limitar las incomprensiones, tenemos a nuestro alcance la posibilidad de utilizar un reglamento ligero que nos permita cambiar fácilmente de etiqueta en caso de un error de apreciación.

Mientras etiquetamos a nuestros clientes a primera vista, éstos al descubrirnos se entregan al mismo juego. La importancia del primer contacto visual es determinante, y allí no hay misterio, todos necesitamos presentar una imagen adecuada.

Para hacerlo, el ideal sigue siendo el trabajo en video, siempre que sepamos analizar y estudiar el material obtenido. En el Capítulo 4 mostramos cómo detectar las incongruencias, cómo reconocer las equivalencias conductuales; es el momento de aplicar esas técnicas de observación, ahora o nunca.

Partimos del principio de que queremos dar al cliente una buena imagen de nosotros mismos, es decir, al mismo tiempo tranquilizadora y atractiva, de modo que se sienta cómodo y en confianza para lograr en él un estado de disposición positiva. Dicho eso, como sabemos que son las incongruencias las que generan malestar en nuestros interlocutores, tenemos que detectarlas en nuestro comportamiento con el objetivo de reducirlas.

Recordemos que una incongruencia traduce un conflicto interior; somos incongruentes cuando no estamos del todo de acuerdo con nosotros mismos. No es pertinente creer que uno presenta una imagen tranquilizadora cuando está dominado por el miedo, así que para tratar nuestras incongruencias tendremos que empezar por darnos una adecuada situación de recurso.

Si está seguro de que se dirige amistosamente a los otros, eso se reflejará en su comportamiento, lo mismo sucederá si alimenta la creencia de que se dirige a algo peligroso.

Si tiene la posibilidad de trabajar su imagen en video, el procedimiento que debe seguir para observar su comportamiento consiste en detectar las incongruencias y las equivalencias conductuales. Estas últimas son cruciales y tiene usted que aprender a reconocerlas a fin de poder modificarlas y adquirir la flexibilidad necesaria para establecer la relación.[1]

En otros casos, el primer contacto con el cliente no es visual sino auditivo, cuando trabaja a través de citas o directamente vende por teléfono. Así como en el contacto visual necesita conocer su imagen, aquí tiene que saber escucharse y adaptar la calidad de su voz al mensaje que quiere transmitir. La grabación magnetofónica resulta rica en informaciones. Para sacar el mejor partido posible, se trata de definir en primer lugar lo que quiere producir en términos de calidad, después detectar lo que no marcha bien para trabajar en el logro de lo que ha decidido.

Aquí la PNL nos aporta un elemento esencial en las técnicas de mimetismo conductual. Dado que inconscientemente sintonizamos con nuestros socios, optamos por provocar ese mimetismo para desencadenar un contacto positivo reflejando la postura, los gestos, la calidad de la voz y la utilización del sistema de representación sensorial dominante de nuestro interlocutor.

Por teléfono nuestros interlocutores se construyen una imagen de nosotros mismos que se funda en la

1 Véase el Capítulo 2.

única información sensorial a su alcance: lo que escuchan.

La atención del interlocutor hace que tome en cuenta todo lo que escucha, es una de las razones por las cuales nuestros eventuales problemas de locución se amplifican. Por teléfono aun más que en el contacto directo habrá que aplicar el mimetismo, es decir, adoptar la misma calidad de voz que el interlocutor, el hecho de que las voces se modifiquen no constituye un obstáculo a esa sincronización. Claro que no se trata de una imitación que en algunos casos podría ser una caricatura, sino solamente de una adaptación que le permitirá ser mejor comprendido.

En caso de un contacto auditivo, las recomendaciones específicas de los formadores especializados resultan de suma utilidad. La PNL acaba de agregarse por lo que aporta al nivel de la percepción y la adaptación.

La calidad de la voz produce estados interiores específicos en quien la escucha. De modo general, las voces graves de las personas predominantemente kinestésicas inspiran más confianza que las voces agudas de las personas predominantemente visuales. En cuanto a las personas predominantemente auditivas, suelen encontrar con rapidez la calidad vocal adaptada a su interlocutor, preciso es decir que viven en un mundo donde el sonido constituye la principal fuente de información. Con un poco de práctica logrará detectar el sistema de representación sensorial dominante de su interlocutor prestando atención en primer lugar a la calidad de la voz, y en segundo lugar a la elección de los términos.

No quiero decir sin embargo que a las personas de voz aguda les vaya mal por teléfono; siempre es posible bajar el tono, aunque más no sea haciendo más lento el ritmo del discurso.

En una de mis practicantes, periodista radial, observé un fenómeno de adaptación notable. Esta joven que tenía un sistema de representación sensorial predominantemente visual, una voz más bien alta, y un ritmo de discurso rápido en su vida privada, pasaba resueltamente a un modo de expresión auditivo cuando hablaba por la emisora: el ritmo de su discurso se hacía lento y el tono de su voz se volvía automáticamente más grave. En el curso de la pasantía de PNL tomó clara conciencia de su aptitud y logró desarrollarla para mejorar sus técnicas de entrevista.

Volvamos ahora al contacto directo; presenta usted a su cliente una imagen de sí mismo que él acepta como positiva: franqueado ese primer paso, se trata de afianzar el clima de disponibilidad que empieza a establecerse.

Para eso las técnicas de mimetismo conductual lo ayudarán a construir la relación.[2] Insisto en la distancia porque constituye el elemento más fácil de modificar.

Si realizó los ejercicios de apreciación de su distancia de comodidad, pudo observar que a partir de un determinado límite se sentía incómodo si su interlocutor se acercaba demasiado a usted, si invadía su espacio, si entraba en su burbuja de territorio. Recuerde que puede usted provocar en los otros el mismo efecto.

Los vendedores que trabajan de puerta en puerta suelen dar un paso adelante para entrar en cuanto se abre la puerta, grave error, porque la persona se va a sentir agredida.

Esta conducta incluso ha sido caricaturizada a menudo y ha perjudicado mucho a los vendedores. En la vida cotidiana, cuando se le abre la puerta a alguien, usted retrocede para hacerlo entrar, tal vez añada un

2 Véase el Capítulo 2.

gesto de invitación tendiendo el brazo en la dirección oportuna. Por eso, cuando me dirijo a quienes venden puerta a puerta les recomiendo que retrocedan ligeramente en cuanto la puerta se abre, de manera que la persona tiende a adelantarse a ellos, no tiene así la impresión de que se pretende forzar su espacio y se muestra mucho más dispuesta a escuchar lo que se le va a decir.

Las técnicas de venta clásicas proponen frases tipo, adaptadas a toda clase de personas y circunstancias. Mi intención no es ignorarlas sino mostrar cómo funcionan.

Recordemos que habíamos iniciado un procedimiento de seducción, y que por eso tenemos que respetar algunos elementos precisos, especialmente saber mantener de modo permanente un estado de disponibilidad y de curiosidad en cuanto a lo que se le propone.

La estrategia global consiste en presentarse claramente y después enunciar que se posee algo interesante que concierne directamente a la persona a quien uno se dirige, sin precisar de entrada que se trata de vendérselo.

El primer punto sirve para personalizar la entrevista y dar tranquilidad al cliente. En efecto, es más cómodo dirigirse a una persona que a una función representada por individuos intercambiables; el segundo punto se utiliza para suscitar curiosidad, y entonces hacemos intervenir el elemento esencial, que es el criterio.

La mayoría de nosotros estamos interesados por las cosas que nos conciernen directamente. El hecho de presentar el objetivo de la entrevista como algo personal al cliente no puede sino suscitar su curiosidad. Este consejo es válido también para concertar entrevistas, pero tenemos que estar alertas para no caer en el exceso de celo.

Una vendedora muy novata me telefoneó un día diciéndome que quería darme a conocer un descubrimiento extraordinario, pero al escucharla hablar me daba a tal punto la impresión de que recitaba una lección que decidí interrogarla amablemente con el objetivo muy preciso de saber qué era lo que quería venderme. Ella eludía mis preguntas y trataba de imponerme una entrevista recurriendo a alternativas ilusorias: "¿Prefiere el martes o el jueves después del mediodía?". Terminé diciéndole que no le otorgaría una entrevista sino cuando me precisara el descubrimiento extraordinario que me quería mostrar, y entonces tuvo que revelar su objetivo.

Sería muy torpe empezar una venta diciendo: "Tengo unas aspiradoras para vender, ¿quiere comprarme una?"; pero evitemos caer en la trampa inversa.

El contacto se establece a través de los siguientes puntos en cuanto a los aspectos no verbales de la comunicación:

- imagen positiva;
- distancia adecuada;
- mimetismo conductual.

La elección de las palabras se adapta en función de varios elementos:

- el objetivo venta;
- el sistema de representación sensorial;
- los criterios del cliente.

2. SABER OBSERVAR

Lo que el vendedor hace y dice debería consistir en una respuesta pertinente fundada en los datos que observa en el cliente. De hecho, cuando no es el caso, la persona tiene enseguida la impresión de que no cuenta, o bien de que el vendedor no se ocupa de ella, absorto como está en recitar un discurso penosamente aprendido.

Las observación debe ser permanente, desde el momento en que se descubre a la persona hasta el momento en que la venta concluye.

En ocasión de un primer contacto, somos acometidos por una gran cantidad de información; pueden llevarnos a etiquetar apresuradamente al cliente, o bien a tener ganas de saber más. La experiencia muestra que los mejores vendedores tienen una percepción muy rica de los otros porque éstos les interesan realmente. Además, cuanto más rica sea la información de que disponemos a propósito de una persona, estamos en mejores condiciones de influir sobre ella. La PNL nos enseña ante todo a desarrollar nuestra agudeza sensorial, a percibir mejor, que es el mejor medio de acceder a nuestros objetivos. Lo que importa tener presente es que en cada instante de comunicación nuestros interlocutores se revelan, y somos nosotros quienes tenemos que tenerlo en cuenta.

Cuando el cliente se expresa, le permite conocer sus objetivos, sus criterios, sus estrategias, incluso le ofrece medios para convencerlo, y hay que estar muy atento para descubrirlos.

Cuando el contacto con el cliente se establece de manera positiva, empezó usted a hablar de su objetivo, ahora tiene que conseguir más información en ese sentido.

Descubrió usted, la estrategia de objetivo en el Capítulo 3; le servirá de orientación para formular algunas preguntas que le darán las informaciones que necesita.

Las preguntas pertinentes serán abiertas para facilitar respuestas en una frase o en varias. Cuando le pregunta al cliente su opinión juega en varios cuadros simultáneamente. En primer lugar, le demuestra que le interesa y que está usted atento a su opinión, por consiguiente eso lo valoriza y personaliza la venta; además, le da la ocasión de conocer sus criterios, que al mismo tiempo serán las posibles fuentes de objeción. En principio, si comprendió usted bien el objetivo del cliente, le será difícil formular objeciones; más adelante en este capítulo vamos a desarrollar más este punto.

Cuando el cliente se manifiesta, debe usted estar atento no sólo a lo que dice, sino también a la manera de decirlo, con el fin de estar atento frente a eventuales incongruencias. Alguien que le dice "sí, es interesante" con tono de escasa convicción, con una ligera interrogación al final de la frase, debe incitarlo a explorar más.

Estas son algunas preguntas que ubicará usted sin dificultades en el marco de la estrategia de objetivo.

—¿Qué piensa usted?

—¿Qué uso quiere darle?

—¿Qué es lo que lo traba? (cuando perciba una vacilación es sensato indagar la eventual objeción subyacente).

—¿Qué espera del producto?

Cada una de estas preguntas debe adaptarse según los contextos, es decir, en función de las personas y de lo que se vende.

Cuando formula preguntas a su cliente, recuerde que necesita saber con precisión lo que espera de su producto o de su servicio.

Para aclarar el objetivo del cliente puede utilizar las preguntas del metamodelo con la condición de hacerlo con elegancia, es decir, con plena conciencia, relevando sólo lo que indica una imprecisión, una incertidumbre. Para hacerlo, la mejor orientación será la observación combinada del discurso y del comportamiento que lo acompaña.

Lo que es preciso comprender es que la comunicación es un fenómeno global que implica todos los medios de expresión y percepción de la persona. Algunos signos emitidos no se perciben conscientemente pero influyen al nivel inconsciente en la manera en que reaccionamos. La PNL nos enseña en un primer momento a percibir cada conjunto de signos de un medio de expresión de la persona; por ejemplo, el tono y el volumen de la voz, o bien los gestos y la postura. En un segundo momento esta competencia se vuelve automática y las únicas informaciones que retenemos conscientemente son las que nos indican una irregularidad o una diferencia, por ejemplo una incongruencia entre los gestos y el tono de voz. Así, cuando accedemos a ese nivel de competencia, estamos en condiciones de efectuar conscientemente, sin prestarles atención, las técnicas del mimetismo conductual; en ese momento, nuestra atención se concentra en otras informaciones tales como el contenido del discurso y el comportamiento que subraya las palabras.

Esta aptitud se desarrolla practicando el calibraje,[3] siendo el objetivo poder reconocer determinado estado interior específico en el comportamiento.

En el Capítulo 1 evocamos las diferencias entre las personas y su representación del mundo; son precisamente esas particularidades las que hacen única a cada persona, y transforman el conocimiento de los demás en un extraordinario descubrimiento. Si tenemos esto en cuenta, aparece con claridad que este descubrimiento será apasionante y enriquecedor en la medida en que sepamos informarnos observando lo que descu-

[3] Véase el Capítulo 1.

brimos. En efecto, cuando alguien nos defrauda, suele ser porque se comporta de un modo que no habíamos previsto, pero sin duda sería más justo decir que no queríamos ni siquiera considerar. La decepción proviene de un filtro que aplicamos entre nuestra percepción y los otros, y que nos impide ver, escuchar y experimentar lo que sucede y lo que quieren decir. Casi siempre preferimos tranquilizarnos con generalizaciones en lugar de tratar simplemente de percibir a los otros, y ése es el mejor medio para ser defraudados por el viaje.

Quienes hacen a un lado por un tiempo sus criterios y sus juicios apresurados, logran una excelente comprensión de los otros porque se han dado los medios de una observación eficaz.

¿Qué es lo que hay que observar?

En un primer momento, el comportamiento de modo global, con el fin de poder sintonizar con la persona (mimetismo y relación).

En un segundo momento, es preciso calibrar los estados positivos de atención, disponibilidad, acogida; no importa el nombre que le dé, siempre que se trate de estados en que la persona es receptiva y cooperadora.

En el primer capítulo mostramos que las estrategias de toma de decisión culminan en un estado interior positivo, una sensación kinestésica o un diálogo interior positivos que se verifican a través de las claves de acceso visuales. Se trata precisamente de reconocer ese estado con el fin de poder evaluar el efecto provocado en el cliente, sobre todo en caso de que usted no pueda concluir desde la primera entrevista, o de que se trate de una venta que no se salda con la firma de un cheque o un pedido, como la visita médica, por ejemplo.

En la práctica esto se concreta fácilmente. Sabemos que de modo general la gente emplea la misma estrategia de toma de decisión, se trate de comprar un vehículo o de cambiar de trabajo; los únicos elementos que cambian son el tiempo empleado y las comparaciones establecidas en el curso del proceso. Lo que cambia poco, y a veces en absoluto, son los criterios que se aplican a la toma de decisión; por ejemplo, será fácil reconocer a quien aplica un criterio de solidez o resistencia a lo que compra; la observación visual de los objetos que rodean a la persona le informará si se pregunta qué lo caracteriza, su unidad o su continuidad.

Además, si usted formula a la persona una pregunta como "¿Qué es lo que lo sedujo al comprar ese coche?" ella le responderá en términos de criterios y de estrategia. Entonces le bastará observar cómo (calibraje de la estrategia, claves de acceso visuales y elección de las palabras) y por qué (observación de los criterios y sus equivalencias complejas) compró el objeto.

Una vez que usted logró calibrar los estados positivos de su cliente, le falta asegurarse de poder hacerlos volver cuando sea necesario.

El anclaje se lo permite, como vimos en el Capítulo 4. En la venta, los anclajes son sobre todo visuales y auditivos, aunque no hay que subestimar la importancia del anclaje kinestésico del apretón de manos.

Los anclajes visuales pueden estar vinculados con un cambio de postura o con la modificación de la distancia, pero también con el aspecto del vendedor, es decir, con la manera como se presenta y se viste; lo que importa es anclar lo positivo.

En cuanto a los anclajes auditivos, se fundan a la vez en la calidad de la voz y en el contenido del discurso; también aquí lo que cuenta es anclar algo positivo. Cuando usted logra hacer sonreír al cliente, eso supone un clima de distención propicio a la venta que conviene anclar.

Tuve ocasión de observar en un grupo de practicantes a un delegado médico que contaba la siguiente anécdota: "No conseguía encontrar sinceramente algo que me entusiasmara para hablar de un producto, dejé de lado esa preocupación hasta el día en que se me ocurrió cantar el nombre del producto cuando tenía que hablar de él, era una palabra de cuatro sílabas a la que yo le daba un ritmo, lo que hacía reír a mis clientes. Cuando volví a verlos al mes siguiente, todos aquellos a quienes les había cantado el nombre del producto se acordaban muy bien, algunos incluso se reían, a tal punto los había sorprendido."

Esta anécdota no se presta a una generalización, pero nos muestra la eficacia del anclaje. En este caso preciso, el anclaje asocia varias cosas: el nombre del producto, la persona del vendedor y el estado positivo que se traduce en la risa del cliente.

Anclar los estados positivos reviste una importancia primordial; el cliente ve volver al vendedor con placer, porque recuerda haber pasado un momento agradable en su último encuentro, y el solo hecho de escucharlo de nuevo o de verlo frente a él lo remonta parcialmente a aquella sensación positiva.

3. PRESENTAR LOS ARGUMENTOS

En el caso en que el vendedor visita a su cliente o a sus clientes potenciales, tiene que observar con atención el entorno de este último para usarlo como referencia.

La observación del contexto de la persona informa sobre sus opciones; el vendedor debe proponer algo en armonía con estas, no venir a trastornar la ecología personal del cliente. Lo que acaba de observar le permite hacerse una idea clara del objetivo del cliente y de los criterios que aplica a sus decisiones de compra.

Falta todavía mostrarle por qué le va a otorgar a usted su preferencia, por qué va a elegir comprar lo que usted quiere venderle.

A veces escucho decir que los vendedores no venden productos o servicios sino los sueños que asocian con el espíritu del cliente.

Así, cuando compramos una aspiradora, compramos de hecho un sueño de limpieza; en caso de un coche, un sueño de rapidez y potencia, en caso de un seguro de vida un sueño de seguridad, etc. La observación de la comunicación publicitaria actual y de las reacciones del público me lleva a matizar esta afirmación del modo siguiente: compramos productos y servicios, pero lo que nos motiva son los sueños que construimos a propósito de ellos. El sueño ya no es el objetivo a alcanzar, es el vehículo que permite llegar a ellos.

La información de los consumidores, las comparaciones que establecen, no son ajenas a esta evolución, y si hace unos diez años podíamos vender también sueños, hoy ya no es así. Los consumidores están dispuestos a dejar que los vendedores los hagan soñar dentro del margen de influencia que les otorgan, pero están bastante bien informados como para no dejarse engañar.

Es más, la función de un buen vendedor no se limita a la de entregar productos o servicios, tiene que saber informar y aconsejar al cliente, analizar sus necesidades para hacer coincidir lo que propone con ellas. Si aplica la estrategia de la PNL de indagación de objetivos, gana la confianza del cliente y la conserva.

El buen vendedor aporta argumentos de peso en relación con los objetivos y criterios del cliente, pero eso no basta; no puede ser susceptible de pegas en cuanto al conocimiento del producto.

Al comienzo de este capítulo, yo presentaba la venta como un proceso de seducción, lo cual supone generar un atractivo; y, para que el cliente resulte atraído, tenga ganas de poseer el producto, tiene que confiar en la persona que se lo presenta. No vamos por placer hacia lo que nos parece amenazador o peligroso, el mismo nace generalmente de la ignorancia, del conocimiento a medias de aquello a lo que nos dirigimos. Por eso en la venta es esencial que el profesional dé pruebas de su competencia mediante un conocimiento excelente del producto y su función, si quiere mantener el interés y el atractivo de su cliente.

Para crear la seducción hay que saber soñar y hacer soñar. Los sueños accesibles y utilizables son sueños relacionados con los valores de la persona.

En el Capítulo 4 describía las orientaciones de nuestros valores en función de tres direcciones: la identidad, la relación y el poder. Para la venta hay otro sistema de orientación fundado en el acróstico siguiente:

*B*ienestar
*E*stima
*S*eguridad
*O*rgullo
*I*nterés
*N*ovedad*

Estos términos son criterios que pueden clasificarse en una de las tres grandes categorías de valores: Identidad, Relación y Poder. La necesidad de estima se refiere a la relación, la satisfacción del orgullo al poder, el interés y la novedad forman parte de la categoría identidad.

La PNL nos enseña a partir de uno de sus presu-

* Las iniciales de cada uno de estos términos forman la palabra "besoin", *necesidad* en francés. El acróstico es intraducible al castellano [Nota de la traductora].

puestos básicos —preferimos ir hacia lo que nos es familiar— según el cual para transmitir un mensaje hay que traducirlo a un lenguaje accesible a la persona. Cuando sintonizamos con nuestros interlocutores, nos adaptamos a su modo de expresión, a su manera de comunicarse. Esto no es válido únicamente para los comportamientos no verbales. Al nivel del contenido, la misma actitud resulta esencial si queremos que la persona comprenda lo que queremos decirle.

Razón por la cual, en ocasión de la presentación de argumentos, hay que tener en cuenta criterios y valores de la persona para construir el embalaje adecuado a sus informaciones.

El uso del acróstico Besoin (necesidad) nos da las líneas generales hacia donde poder alimentar los sueños de nuestros clientes.

Si usted le habla de originalidad o de diferencia a alguien para quien es importante destacarse, dar una imagen de líder, entra en su universo por una puerta muy abierta. En cambio, si utiliza con esa misma persona el argumento de la estima sólo funcionará si se trata de la estima de sí, la que los demás sientan por él contará poco, salvo que se entere de que lo envidian.

Partiendo de ese principio, resulta inútil y hasta negativo presentar todos los argumentos a favor de un producto. Sólo son pertinentes los que forman parte en términos de criterios y valores de la estrategia del cliente; en el mejor de los casos no escuchará los otros; en el peor, usted generará aburrimiento y todo el proceso de seducción se derrumbará, habrá perdido el contacto.

Una vez realizada una buena observación del cliente en términos de comportamientos, estrategias y criterios, aparece delineado el camino a seguir para presentar los argumentos. Cuando dos productos son equivalentes a nivel cualitativo, el cliente compra prioritariamente el que se le presenta de manera más atractiva; siempre se trata de seducción, e ilustra el proverbio según el cual *más moscas se atrapan con miel que con hiel.*

Los buenos vendedores conscientes de eso tienen la preocupación permanente de dar al cliente a través de su compra una buena imagen de sí mismos, y ese estado positivo permite al cliente tomar la decisión de comprar.

En la presentación de los argumentos, lo mismo que en todas las demás etapas de la venta, tenemos que prestar una atención constante a las reacciones del cliente, que nos informan sobre la calidad del trabajo efectuado y nos sirven de orientación.

Cuando usted presenta los argumentos refiriéndose a los criterios del cliente, es importante respetar su jerarquía; usted necesita saber lo que reviste más importancia a sus ojos; en efecto, esta secuencia lo informa al mismo tiempo sobre el orden en que pueden surgir eventuales objeciones.

Para conocer la jerarquía de los criterios, el procedimiento a seguir consiste en formular preguntas tales como: "¿A qué atribuye más importancia?", después observar la respuesta al nivel del contenido y sobre todo al nivel del comportamiento que la acompaña. Las palabras en las que la persona insiste, mediante gestos, o mediante una calidad específica de su voz cuando las pronuncia, son las que lo conducen a sus criterios.

Para que la presentación de argumentos sea convincente, es preciso haber aclarado y establecido previamente el objetivo y las necesidades del cliente. En esta etapa, se trata de mostrar al cliente cómo su objetivo coincide con el propio, es una función de información pero también de asesoramiento, en el curso de la cual usted recurre a los criterios del cliente para hacerlo soñar, dado que usted se encuentra en el marco del condicional, aun cuando no esté explícitamente formulado. Su argumento se funda en el siguiente presupuesto: Si usted compra mi producto o mi servicio, vea en qué le será útil, necesario o indispensable. Todos esos puntos se desarrollan en función de lo que usted observó y calibró.

4. MANEJAR LAS OBJECIONES

Muchos vendedores temen las objeciones y las afrontan para eludirlas con técnicas que se aproximan más a la guerra que a la diplomacia, ilustrando así que la objeción es interpretada como un ataque personal, cuando en realidad es sólo un pedido de información suplementaria.

Usted ha observado seguramente que entre líneas aparece un presupuesto típicamente propio de la PNL, que sostiene que no hay fracaso en la comunicación, sólo informaciones sobre un trabajo realizado. Cuando esas informaciones no nos conforman, las llamamos, según los casos, fracasos u objeciones.

En la venta considero la objeción como la señal de una imprecisión en la definición del objetivo. De hecho, el cliente que objeta le subraya un punto que usted no mencionó y que tiene importancia para él, también allí es un problema de percepción. La objeción suele traducir un temor, una duda, una falta de confianza y en todos los casos un objetivo no suficientemente determinado. Sea como fuere, si aparecen objeciones debemos comprenderlas y estudiarlas con el cliente para encontrarles una respuesta positiva.

En un primer momento, cuando aparece la objeción, se trata de aceptarla. No siempre es fácil admitir que nos hemos equivocado, y hace falta coraje para reconocerlo, porque tendemos a tomar la objeción como una reacción agresiva dirigida contra una persona, cuando ella se dirige sobre todo a la manera como es presentado el producto.

La estrategia consiste en valorizar al cliente a partir de su observación. La intención es similar cuando agradecemos a alguien por habernos formulado una pregunta engorrosa, siempre que podamos darle bastante sinceridad, para lo cual el trabajo sobre la congruencia aporta la ayuda necesaria.

Como la objeción suele traducir un temor no formulado, el primer momento consiste en tranquilizar al cliente consolidando el clima de confianza que nos permita a continuación encontrar juntos una solución satisfactoria. Cuando surge una objeción, puede ser un medio de establecer una colaboración activa por parte del cliente, porque usted necesitará que profundice su opinión para lograr las informaciones que le faltan.

La segunda etapa consiste en establecer la lista de objeciones según su orden de importancia. Cuando se ha observado la jerarquía de criterios, la de las objeciones suele confirmarla. En la mayoría de las técnicas de venta se aconseja aislar la objeción para eliminarla. Es lo que encontramos en el menú de influencia cuando cambiamos el marco de la afirmación que queremos refutar. La PNL no contradice a esta técnica, pero nos ofrece opciones suplementarias que vamos a presentar aquí.

En la medida en que el cliente emite varias objeciones, vamos a tratarlas una por una pero estableciendo entre ellas vínculos de causalidad, partiendo del principio de que generalmente hay por lo menos dos tipos de objeciones: las realmente fundadas y las que se desprenden de o apoyan a las primeras. Por ejemplo, el cliente dice que le parece caro el producto, que sus colaboradores no van a estar de acuerdo con esa inversión, y que no sabe si el producto realmente le conviene.

Admitamos que la observación del discurso y del comportamiento nos incita a pensar que la principal objeción es la última, entonces podremos utilizar en un primer momento la estrategia de objetivo:

—¿Qué podría demostrarle que el producto le conviene?

—Quisiera conocer la opinión de otros usuarios.

Y en un segundo momento utilizar el marco del "como si", es decir, llegar a una conclusión condicionada añadiendo:

—¿Quiere conocer a algunos de nuestros clientes, para hablar tranquilamente del tema con ellos?

Si la respuesta es afirmativa, sólo le falta concertar una cita. Acaba de lograr una conclusión condicionada, ahora depende de usted aportar una prueba tangible de sus argumentos, y la venta habrá concluido. Llegado a ese punto, es probable que las otras objeciones no reaparezcan.

Si tomáramos el ejemplo de la segunda objeción: "mis colaboradores no van a estar de acuerdo con esa inversión", el procedimiento hubiera sido similar, o aun más breve:

"En ese caso, ¿qué le parecería si nos encontramos con ellos?, así podríamos saber lo que opinan".

Si la objeción principal era "demasiado caro", usted hubiera tenido que recurrir a la estrategia de objetivo para saber el precio que el cliente le calcula al producto, después negociar, llegado el caso, la diferencia entre su cálculo y el precio. Tal vez simplemente busca conseguir una rebaja.

Así, en los casos más simples lo primero es volver

a la definición de objetivo para buscar en ella la información faltante: lo que quiere el cliente, para tener la certeza de hacer una buena compra.

En segundo lugar, una vez que usted sabe cuál es esa prueba, esa condición, hacer una propuesta en el sentido de lograr una conclusión condicional.

La mayoría de las veces, como ya lo subrayamos, hay sólo una objeción verdadera, pero en la medida en que el cliente aluda a otras hay que usar la solución de la primera para resolver las demás, siguiendo el mismo procedimiento: esclarecer el objetivo o la prueba, y lograr una conclusión condicionada.

Si retomamos nuestro ejemplo, para vincular la segunda objeción con la tercera puede añadir: ¿Por qué no invitar a sus colaboradores a que conozcan a nuestros clientes en la cita? Así tiende un puente entre las objeciones y la solución de una resuelve la otra.

En casos más complejos, la PNL nos sugiere técnicas de negociación fundadas en nuestras aptitudes para asociar o disociar mentalmente acontecimientos o hechos. Se trata de técnicas de reencuadre, de disociación visual-kinestésica y de reconstrucción del pasado. Lo que tienen en común estas técnicas es la imaginación, el marco del "como si"; constituyen también herramientas de creatividad dado que sirven para encontrar soluciones en situaciones de aparente bloqueo.

A) El reencuadre

Aplicado a la venta o a la negociación, el reencuadre más eficaz se funda en una sola frase donde el criterio más importante es encarado desde un punto de vista al que el interlocutor no accedió ni en el cual pensó, pero que su comportamiento y discurso sugirieron al observador.

Reencuadrar es dar al problema una nueva dimensión. En el menú de influencia encontramos técnicas —ensanchar el debate, comprimirlo, modificar el marco— que se aplican por igual aquí. Sin embargo hay en el término reencuadre utilizado en la PNL una idea subyacente que se refiere a la utilidad o la función del problema.

Cuando atravesamos un momento difícil, es tranquilizante y alentador tener la certeza de que nos va a ser útil en adelante. El sentimiento de culpabilidad, por ejemplo, se tolera mucho mejor si somos capaces de captar su función que consiste en enseñarnos a tener más en cuenta a los otros.

Así, para reencuadrar, siempre tratamos de encontrar lo que hay de positivo en una situación que a primera vista parece catastrófica. Además, el reencuadre apela a nuestra facultad de disociación en el sentido de que incita a la persona a quien se dirige a ubicarse mentalmente en un papel diferente del que desempeña habitualmente. En cuanto a la aptitud para asociar, se abre paso cuando la frase de reencuadre pone en evidencia un elemento pasado hasta entonces desapercibido. El efecto de sorpresa es importante porque crea un anclaje que fija por definición una asociación.

Si su interlocutor pronuncia una afirmación de manera categórica, emite una opinión muy firme a propósito de un tema cualquiera. Para reencuadrar esa afirmación usted debe colocarse en un papel que iluminará el problema de un modo diferente, para poder conducir allí al otro.

Ejemplo:

—La lluvia me horroriza.

El punto de vista del agricultor:

—Pero es necesaria para la vegetación.

El punto de vista del poeta:

—Es una fuente de inspiración.

El punto de vista de un habitante del desierto:

—Para mí es un don del cielo.

Este ejemplo tan sencillo muestra que el reencuadre en una frase difiere considerablemente de una simple refutación en el sentido de que aporta elementos nuevos en el contexto del acontecimiento. En consecuencia, si recordamos la aproximación sistémica de la PNL, el contexto del problema ya no puede ser exactamente el mismo cuando interviene un elemento nuevo, y es por eso que el reencuadre puede existir como herramienta de cambio.

En la negociación no hay dificultades sino cuando una limitación afecta las opciones de una persona, de un grupo o de una organización, y el reencuadre resulta de suma utilidad. Cualquiera sea la variante utilizada, lo que cuenta es la idea directriz de la estrategia, es decir la reflexión "¿Qué pensaría yo de eso si fuera...?" (porque los diferentes papeles pueden afectar el tema).

Si colocamos un objeto en el centro de un círculo formado por una veintena de personas, cada una de ellas verá ese objeto; tal vez le sea desconocido a algunas de ellas, pero cada persona tendrá una imagen diferente del objeto, que sigue siendo el mismo, en función de su puesto de observación y del papel que representa.

A veces estamos tan involucrados en un problema que ya no podemos viajar alrededor de ese círculo, lo cual nos impide ver otras opciones y encontrar soluciones.

En cambio, cuando nos permitimos imaginar, encontramos terrenos de entendimiento, superponiendo las opiniones y cambiando nuestro punto de observación: así realizamos reencuadres.

Ejercicio 28: 2 personas A y B

– A expone a B una opinión muy categórica a propósito de un problema cualquiera.

B replicará esa opinión aportando elementos nuevos. El procedimiento a seguir consiste en preguntarse: Qué pensaría yo de ese problema si fuera... (poeta, agricultor, gato, extraterrestre, etc.). Finalmente puede hacer una lista y aportar la respuesta que podría dar a la pregunta cada uno de esos personajes.

– B elige entre las respuestas la que le parece más adecuada para reencuadrar la opinión de A.

– A verifica si puede aceptar o no la respuesta.

Ejercicio 29:
Grupos mínimos de 3 personas, máximos de 6

– El grupo elige un tema que dé lugar a la expresión de opiniones muy diversas.

– Cada uno de los participantes elige un papel expresando prioridades (eficacia, necesidad, utilidad, estética, renombre, etc.).

– Por turno, cada cual intentará exponer al grupo la opinión de su papel a propósito del tema dado.

Ejercicio 30:
Grupos mínimos de 3 personas, máximos de 6

– Uno de los participantes expone al grupo una situación o un acontecimiento que considera desagradable.

– Los otros miembros del grupo se distribuyen diferentes papeles y expresan prioridades, como en el ejercicio anterior.

– Cada uno tiene que tratar de mostrar lo que

puede haber de positivo en la situación desagradable representando el papel que eligió.

Ejercicio 31: Grupos de 3 personas, A, B y C

En toda negociación, los interlocutores revelan sus criterios y valores. Aquí vamos a tratar de subrayar la importancia que tiene determinar un acuerdo o una cohesión según un criterio común. El ejercicio consiste en establecer y mantener un diálogo entre los interlocutores de manera de encontrar una opción satisfactoria.

—A vacila entre dos opciones a propósito de una decisión que debe tomar.

—B y C van a representar respectivamente los papeles de las dos partes en desacuerdo.

—A tiene que vigilar que el debate no culmine nunca en un callejón sin salida, tratando de encontrar puntos comunes a los otros dos interlocutores.

—A tiene que decir a sus dos interlocutores en qué momento su debate le aporta informaciones útiles para su toma de decisión.

—En cuanto A considera que ha obtenido bastante información, los papeles se intercambian.

De 15 a 20 minutos por vez.

Ejercicio 31 bis: Resolución de un problema

El mismo ejercicio que el número 30, pero con más participantes, pueden llegar a cerca de 12 personas. En este caso es importante designar a una persona que coordine el debate, y definir con precisión el papel que desempeñará cada participante.

La persona que coordina el debate debe estar atenta a:

—definir bien el objetivo de cada negociación;

—lograr el acuerdo de cada participante sobre el objetivo;

—mantener la pertinencia de la discusión en relación con el objetivo;

—interrumpir el proceso cuando el debate se aleja de su tema;

—hacer el balance cada vez que se toma una decisión;

—definir la etapa siguiente.

Estos ejercicios de resolución de problemas o de tomas de decisión surgen de la idea subyacente al reencuadre que consiste en la aptitud para reconocer la existencia de varios papeles en una persona, es decir, la aptitud para disociar. En la práctica de la negociación esto se transforma, como lo mostramos en los ejercicios; antes de pasar a las técnicas siguientes, subrayemos una vez más los puntos cruciales del reencuadre que son la disociación y la asociación. Cuando estudiamos los anclajes trabajamos sobre la asociación y mostramos que una información sensorial podía desatar un comportamiento. Esta vez vamos a estudiar un fenómeno que puede ser útil para desactivar anclajes inoportunos, y que se funda en la aptitud para realizar disociaciones.

B) La disociación visual-kinestésica

Esta técnica nos va a servir para desactivar una situación difícil donde el compromiso emocional estorba la participación activa de los actores del debate. La disociación visual-kinestésica se aplica más a la negociación que al tratamiento de las objeciones en una venta. Sin embargo es útil conocer este método porque contribuye a darnos situaciones de recurso cuando las necesitamos, y por qué no en el curso de una venta.

Ejercicio 32: Individualmente

1) Si usted tiene que franquear una prueba difícil próximamente, identifíquela con precisión (contexto, personas implicadas y todos los detalles que usted conozca).

2) Piense ahora en una experiencia positiva en cuyo curso usted se ha encontrado en posesión de todos sus recursos, haga un anclaje.

3) Ahora trate de visualizarse efectuando la prueba.

4) Active su anclaje, y en tanto espectador de su acción de prueba registre lo que no funciona y cuáles serían el o los recursos apropiados para sortearla.

5) Haga el balance de los recursos que necesita para salir triunfante de la prueba.

6) Siempre manteniendo su anclaje positivo, trate de mostrarle a la imagen de usted mismo que visualiza lo que tiene que hacer; apórtele los recursos que considera necesarios.

7) Ahora acérquese mentalmente a la imagen hasta tener la sensación de que forma parte de ella.

8) Esta vez usted ya no es espectador y podrá poner en práctica mentalmente el comportamiento adaptado a la prueba que se desarrolla. Imagine el desenlace positivo que quiere darle.

9) Cuando haya verificado esto, ya no necesita mantener su anclaje y puede volver al presente con su estado habitual de disponibilidad.

El procedimiento a seguir para realizar este ejercicio consiste ante todo en comprender las etapas, después en seguirlas de la manera indicada. Con un poco de entrenamiento, ya no necesitará recurrir al plan y estará en condiciones de aportar a

él las modificaciones que lo adaptarán mejor a su personalidad.

En el caso en que su interlocutor se encuentre acorralado en un estado interior negativo, la disociación visual-kinestésica le permitirá hacerlo salir. Lo que hay que comprender en primer lugar es que un estado interior negativo pone en juego sensaciones kinestésicas, imágenes y un diálogo interior o exterior negativos. Para interrumpir el encadenamiento, hay que *desconectar* a la persona de su proceso de autoconvicción negativa. En efecto, se mantiene en ese estado utilizando una determinada estrategia que pone en práctica los sistemas de representación sensorial.

El objetivo a alcanzar mediante la disociación visual-kinestésica es llevar a la persona a la posición de observador (visual) de la situación.

Si su interlocutor lo ahoga en una oleada de palabras que vehiculan muchos mensajes negativos, su función consistirá en la primera ocasión en preguntarle qué ve precisamente, y en utilizar la estrategia de objetivo para ayudar a responder la pregunta.

Cuando a través de sus preguntas usted pone a la persona en la obligación de concentrarse sobre informaciones visuales, usted "desconecta" el diálogo interior o exterior colocando a la persona en posición de observador, modificando así sus sensaciones kinestésicas negativas.

Otro modo de proceder consiste en utilizar el marco del "como si" y pedirle a la persona que imagine lo que vería en la situación que está viviendo si estuviera en el lugar de algún otro.

La disociación visual-kinestésica se funda en un desvío de la atención que permite a la persona tomar distancia en relación con su problema. Se efectúa haciendo cambiar el sistema de representación sensorial utilizado en el estado negativo. Así, usted puede experimentar una disociación cambiando simplemente de sistema de representación sensorial al nivel del lenguaje. Los fenómenos de mimetismo conductual hacen que para mantener la relación la persona tenga que cambiar de sistema de representación sensorial.

Cuando alguien le dice que está angustiado ante la idea de encontrarse con un personaje que lo impresiona, usted puede aconsejarle que mire bien a su alrededor en el momento de la conversación para saber qué es precisamente lo que lo angustia.

Es un desvío de la atención. En efecto, si pensamos en mirar algo, la atención puesta en las sensaciones y emociones pasa a un segundo plano, lo cual modifica el estado interior. La angustia no ocupa ya el primer puesto.

A propósito de esto, Grinder y Bandler proponen una larga exposición en *The Structure of Magic*, en el capítulo *Fuzzy functions*, en el segundo volumen. No hay término equivalente que designe la apelación humorística que este texto da a las funciones cenestésicas.

Cuando una información visual o auditiva desata una sensación kinestésica hay una función cenestésica. Por ejemplo, si una persona dice "la vista de la sangre me enferma" muestra una función cenestésica. Podemos considerar este fenómeno como la asociación mediante un vínculo de causa-efecto de dos elementos, con una noción de secuencia. Estas funciones son de suma utilidad en muchas actividades, pero en otras constituyen desventajas. Así, cuando se le pide a una persona que sustituya una información sensorial por otra se interrumpe el desarrollo de la secuencia, y por eso mismo el estado emocional negativo.

C) La reconstrucción del pasado

Esta tereera técnica se funda en una aptitud natural de las personas para cambiar con el correr del tiempo los acontecimientos desagradables en acontecimientos soportables y después positivos. La reconstrucción del pasado nos va a servir para sacar partido de viejas querellas, incluso para transformar el rencor en reconocimiento. Es una forma de reencuadre, pero que se dirige a la manera como nos acordamos del pasado.

Para reconstruir el pasado, hay que recordar que esa vivencia subjetiva suele fundarse en una sola experiencia considerada negativa. Hubo pues un proceso de generalización que habrá que demostrar antes de reconstruir algo positivo.

A veces en la venta sucede que una persona le participa una mala experiencia con un producto semejante al que usted le propone; su primera reacción sería sin duda mostrarle que hay grandes diferencias entre lo que ella compró y lo que usted quiere vender, pero aunque esa actitud se justifica todavía no es el momento oportuno para aplicarla; usted tiene que reconocer primero la objeción, para después tratarla.

Hay un estilo de fórmula que en este caso es de maravilla:

"Soy sensible a la confianza que usted me otorga al decirme eso, ahora ¿qué me aconsejaría para no reiterar el error?".

En la primera parte de la frase usted se involucra valorizando a la persona, le muestra que toma su objeción como prueba de confianza, y en la segunda parte le muestra lo que dice pidiéndole que le confíe lo que aprendió de positivo en lugar de mantenerla en su estado negativo tratando de saber qué es lo que no marchaba.

En este caso la reconstrucción del pasado se efectúa de manera indirecta. Después de eso la persona no irá a revivir la experiencia negativa como la primera vez. Usted le proporciona un recurso importante al hacerle tomar conciencia de lo que aprendió de positivo.

A partir de entonces ya no le queda otra cosa que encontrar con la persona los contraejemplos útiles para matizar su generalización. Al decirle a usted lo que aprendió en la experiencia negativa, le proporciona sus criterios actuales; de usted depende ahora demostrarle que puede satisfacerlos.

Ahora propongo un ejercicio que puede iluminar la reconstrucción del pasado de una manera algo diferente. El objetivo es ayudarnos a modificar nuestra opinión o nuestro comportamiento a propósito de un episodio del pasado vivido como desagradable, y con consecuencias no deseadas en el presente.

Este ejercicio se aplica en las prácticas de enseñanza de la PNL, porque consideramos que antes de querer cambiar a los otros tenemos que ser capaces de cuestionarnos y de cambiarnos en un objetivo de desarrollo personal. También nos prepara para lo que vamos a abordar en el próximo capítulo a propósito del cambio.

Ejercicio 33: Dos personas, un actor y un sujeto

1) Definir un comportamiento no deseado expresado bajo la forma de un vínculo de causa-efecto entre el pasado y el presente. ¿Cuáles son sus manifestaciones? ¿Qué sensaciones experimenta esa persona? ¿Cómo sobreviene ese comportamiento? Calibrar y dar un ancla para hacerlo reaparecer llegado el caso.

2) Definir el comportamiento adecuado, es decir, descubrir cómo desea ser la persona, qué quiere hacer.

Para lo cual las preguntas por el objetivo proporcionan la información necesaria. Mostrarle a la persona que hoy dispone de recursos de los que acaba de hablar buscando con ella situaciones donde las pone en práctica. Calibrar y anclar la situación de recurso descubierta así.

3) Asociar las dos experiencias con ayuda de dos anclas. Pedirle a la persona que vuelva al pasado manteniendo los anclajes hasta que reviva la situación desagradable. Para asegurarse de la eficacia tiene que calibrar las reacciones. Si su intervención da un resultado satisfactorio, tiene que ver aparecer un conjunto de signos exteriores diferentes de los de la primera situación y de los de la segunda. En efecto, el cambio se está produciendo, pero todavía no está del todo instalado.

Cuando la persona revive mentalmente la experiencia desagradable, puede ser que se dé cuenta de que el recurso antes considerado útil en realidad no le sirve para nada. Provisto del anclaje positivo, son susceptibles de aparecer un recurso o varios otros.

4) Hacer con la persona el balance de lo que aprendió en el curso del ejercicio, e imaginar con ella en el futuro una situación similar a la primera. Verificar entonces calibrando que el cambio se instala.

El ejercicio 33 puede transferirse a la conversación. Lo que hay que conservar de él es el procedimiento, porque da la estrategia de reconstrucción del pasado.

En suma, estas tres técnicas se asocian fácilmente con lo que ya aprendimos en el curso de los capítulos anteriores: estrategia de objetivo, metamodelo, detección de los criterios y presupuestos, menú de influencia, sin olvidar, claro, nuestra principal fuente de información: la percepción sensorial, que nos brinda los medios de calibrar y nos señala dónde y cuándo colocar los anclajes.

Ahora vamos a abordar otra etapa de las técnicas de venta a través de lo que aporta la PNL, esto es, cómo construir un futuro positivo para el vendedor y para el cliente.

5. GANAR LA FIDELIDAD DEL CLIENTE

Un buen vendedor sabe que su trabajo no se detiene cuando el cliente firma su cheque, de hecho comienza otra fase. La venta se concluye fácilmente siempre que el cliente pueda conseguir gracias a las informaciones que le son presentadas suficiente seguridad como para tomar su decisión (sensación kinestésica positiva o diálogo interior positivo). Desde el momento en que el vendedor consiguió un acuerdo sobre una conclusión condicionada, sólo falta aportarle al cliente las pruebas necesarias como para concluir de modo definitivo. No me extendí más en la etapa final porque me parece más interesante estudiar lo que necesita el vendedor para llegar a ella fácilmente, es decir, los medios de observación tanto del comportamiento como del contenido del discurso.

Concluida la venta, falta echar puentes hacia un futuro positivo. Los objetivos del vendedor suelen ser la satisfacción de su cliente a medio y largo plazo, y a veces la obtención de referencias que facilitarán la adquisición de nuevos clientes.

Si nos preguntamos sobre qué es lo que determina la fidelidad del cliente al vendedor, encontramos varias informaciones que comparten rasgos comunes. Vamos a encarar primero el costado del vendedor.

El cliente vuelve al vendedor porque encuentra en esa persona una cualidad de estabilidad (acogida, disponibilidad, competencia...), un clima de confianza, y así la primera impresión positiva, cualesquiera sean sus razones, atraviesa el tiempo sin modificarse. Si la fidelidad del cliente se funda en la personalidad del vendedor, hay que seguirlo aun cuando cambie de empresa.[4] Si el cliente permanece fiel al producto, superará los inconvenientes de un cambio para procurárselo. En términos de la PNL ese carácter estable se denomina **a través del tiempo**. Una persona que aplica ese modo de funcionamiento no cuestiona continuamente las cosas; por ejemplo, si se encuentra con alguien a quien no ha visto desde hace meses, inmediatamente experimentará el mismo estado interior que la última vez que se encontró con esa persona.

El complemento de esta distinción se llama **en el tiempo**, y designa el comportamiento de las personas que se adaptan sin cesar a situaciones nuevas; para ellas cada día es un día nuevo, y hay que ponerse a prueba continuamente porque nada se ha adquirido verdaderamente.

A estas personas las horroriza la rutina, pero suelen ser muy exigentes. En el vendedor, es un triunfo aplicar esto al contexto profesional.

Por otra parte la fidelidad del cliente no depende exclusivamente de la calidad del vendedor; en efecto, se apegará más o menos según su personalidad. A este nivel la PNL nos ofrece algunos rasgos distintivos prácticos para reconocer el estilo de funcionamiento de las personas.

[4] Véase Edward T. Hall, "La danse de la vie", capítulo sobre las diferencias entre los franceses, los alemanes y los norteamericanos.

a) "Ir hacia"

Lo que mueve a algunos a la acción es el deseo de ir hacia algo nuevo aun cuando lo que ya poseen los satisface. Necesitan para su coherencia interior perseguir continuamente algo más. En términos de la PNL llamamos a ese comportamiento "ir hacia". El personaje de Don Juan ilustra en parte este comportamiento.

b) "Alejarse de"

En el otro extremo, están quienes actúan para huir o evitar algo. Estas personas pueden soportar muchos inconvenientes antes de alcanzar un umbral que los empuje a cambiar sus costumbres. Llamamos a esa distinción "alejarse de". Por definición, estas personas son muy fieles a sí mismas aun cuando no estén totalmente satisfechas.

Se aplican además otros rasgos distintivos que conciernen al pasado, el presente y el futuro en su aspecto determinante de la acción. La PNL nos enseña que para actuar con vistas a un cambio tenemos que anticipar, es decir, construir por una parte un futuro a alcanzar, y por otra un futuro a evitar. Si nos quedamos arrinconados en el presente cuyos mensajes imperativos determinan nuestro comportamiento, nos volvemos incapaces de avanzar hacia un objetivo.

Es el caso de quienes permanentemente tratan de ponerse a régimen y no consiguen perder peso. Se mantienen en esta situación porque lo que cuenta para ellos es la satisfacción inmediata del presente (comer) y predomina sobre la satisfacción a largo plazo del futuro (ser delgado).

La misma persona puede sin embargo poseer y

aplicar todos estos rasgos distintivos pero en contextos diferentes. No es contradictorio por ejemplo dar pruebas de un comportamiento "a través del tiempo" en la vida familiar y "en el tiempo" orientado al futuro en lo que hace a la vida profesional.

Si aplicamos esta manera de comprender a la venta, es fácil ver que es más difícil lograr la fidelidad de un cliente cuyo presente es determinante que la fidelidad de quien se refiere al futuro. Cuando el pasado es determinante, suele expresarse mediante frases como "Lo hago por lo que pasó (ayer, el mes pasado, hace diez años)", o bien "yo siempre procedí así y da resultado, ¿por qué quiere que lo haga de otro modo?". También este tipo de orientación corresponde a un cliente cuya fidelidad puede ganarse.

Estos rasgos distintivos son importantes en los casos en que vendemos productos cuyo interés no es inmediato, seguros o inversiones, por ejemplo. El vendedor hábil puede lograr que el cliente imagine un futuro positivo con el producto, lo cual encontrará obstáculos con los clientes que se ven determinados de modo casi exclusivo por el presente para sus elecciones. En estos casos la técnica consiste en construir un futuro con elementos del pasado y del presente vinculados por la causalidad, mediante frases como: "Usted no me hubiera creído si yo le hubiera dicho hace cinco años que iba a superar ampliamente sus objetivos...".

Usted crea desde el comienzo un puente de causa-efecto entre el pasado y el presente. Al mismo tiempo, existe una metáfora bajo la forma del siguiente presupuesto: "Por eso usted puede creer hoy en mis conceptos", contenida en la primera frase. Si no convence del todo, este tipo de intervención puede sembrar una ligera duda en las afirmaciones de la persona, lo cual abre el camino a un objetivo nuevo.

Cerremos este paréntesis y volvamos al proceso de ganarse la fidelidad del cliente.

Como ya lo subrayamos al principio de este parágrafo, para lograr esa fidelidad hay que ofrecerle una garantía de estabilidad, es decir, la certeza de que en el futuro encontrará la misma satisfacción que el día de la compra.

Para hacerlo, es probable que al presentar sus argumentaciones haya preparado al mismo tiempo esta etapa mencionando lo que sucedería después de la compra. Esto puede concernir a un servicio posterior a la venta, una garantía, plazos de entrega o de pago, todo lo que sucede de positivo una vez efectuada la compra. También aquí se trata de pivotear sobre las garantías ofrecidas al cliente, personalizando la estrategia mediante una frase como: "Me voy a asegurar personalmente de que se le va a entregar a tiempo". Produce un efecto de los más positivos siempre que usted cumpla con sus promesas.

Este último punto: "cumplir las promesas" es la clave para ganar la fidelidad del cliente, porque aporta la prueba tangible de la credibilidad del vendedor.

Una última observación a propósito de credibilidad y fidelidad, porque van a aparecer múltiples diferencias personales en la manera como se estima por una parte que el cliente es fiel, y por otra que el vendedor es de fiar.

La PNL nos propone un modelo de reflexión y análisis que podemos adaptar y poner en relación con las nociones anteriores referidas al modo de orientarse en el tiempo.

El modelo de generalización: consideremos a una persona que afirma: "El (o ella) siempre llega tarde", y formulemos algunas preguntas a fin de saber cómo se hace posible esa afirmación.

Se relaciona con:

– la duración de la demora: ¿una demora de cuánto tiempo?

– la frecuencia de las demoras: ¿pasan a menudo?

– la intensidad: ¿una sola demora basta para generalizar?

– la secuencia: ¿qué pasa antes y después para que quepa decir que alguien llega tarde?

– el intervalo: ¿cuánto tiempo hace falta entre dos demoras para afirmar que ese comportamiento es habitual en esa persona?

Este modelo constituye una exploración muy amplia de las equivalencias complejas contenidas en un criterio y que llevan a una generalización. De esta manera es como creamos las certezas.

Ejercicio 34: Individualmente

1) Haga una lista de 5 ó 6 frases que usted considere verdaderas utilizando las expresiones siguientes y completándolas:

– ...es digno de confianza;

– Estoy seguro de la competencia de...

– Desconfío de lo que dice...

– ...es muy amable;

– ...es muy desagradable.

2) Para cada afirmación formule las preguntas del modelo de generalización para tratar de saber cómo puede estar seguro de lo que afirma.

– ¿Cuál es la intensidad emocional del acontecimiento que me permite afirmarlo?

– ¿Cuánto tiempo duró?

– ¿Cuántas veces se produjo?

– ¿Cuánto tiempo transcurrió entre dos acontecimientos parecidos?

3) Trate de encontrar los puntos comunes entre las

diferentes experiencias. ¿Qué elementos encuentra en todas, y cuáles no aparecen?

Las respuestas a estas preguntas le darán una idea de su procedimiento personal para construir certezas. Claro que con un poco de práctica usted podrá descubrir estos procedimientos en otros, porque salen a luz cuando la gente habla de sí misma, de sus certezas y de las experiencias que las forjaron.

En la venta usted puede aplicar ese modelo para saber cómo construyen sus clientes sus certezas. Le basta con escuchar atentamente, y llegado el caso a formular preguntas dirigidas en el sentido de los mencionados rasgos distintivos. Por ejemplo: "¿Eso pasa a menudo?", le brinda respuestas en términos de frecuencia e intervalo; "¿La primera vez fue también la última?", una explicación acerca de la intensidad; "¿Duró mucho tiempo?", precisa la duración del episodio.

Provistos de estas informaciones puestas en correlación con los rasgos distintivos presentados al comienzo de este parágrafo (a través del tiempo, en el tiempo, pasado, presente o futuro determinante), usted sabrá si el cliente le otorga su confianza desde la primera experiencia positiva o si hay que repetir la operación y cuántas veces, durante cuánto tiempo antes de que la certeza sea sólida. Es muy evidente que usted no puede tener estos matices presentes desde el comienzo. Así como aprendió a detectar incongruencias después de haber aprendido a calibrar, aprenderá a reconocerlas integrando poco a poco objetivos y criterios a su exploración.

Por último, hablaremos de las referencias para decir simplemente que si usted quiere conseguirlas el mejor medio y el más seguro sigue siendo pedirlas abiertamente, lo cual refuerza la confianza entre cliente y vendedor, dado que este último solicita un consejo, y el hecho de darlo suele pasar como algo gratificante.

Las referencias pueden limitarse a una cita que no obliga al cliente a dar una opinión positiva. Pocos clientes satisfechos podrán dar una respuesta negativa a una pregunta como: "¿Puedo mencionar el nombre de su empresa en la lista de mis clientes?".

En todos los casos, si el vendedor satisfizo al cliente las referencias serán positivas e incluso puede suceder que este último lo recomiende sin necesidad de que se le pida. Pero si ha de formular un pedido, es sensato saber elegir el momento oportuno, es decir, el momento en que usted tenga la certeza de que su objetivo y el del cliente se han cumplido.

Podemos decir que integrar la PNL a la práctica y enseñanza de la venta permite acceder, explicándolos de manera clara, concreta y sintética, a los comportamientos y estrategias eficaces que salen así del territorio algo mágico del don y el talento. Aquí como en otros terrenos la PNL se inspira simultáneamente en un deseo de comprensión y de difusión de competencias que hacen enriquecedoras y apasionantes las relaciones humanas.

El capítulo siguiente reúne algunas reflexiones acerca de las condiciones necesarias para poner en práctica el procedimiento PNL. Vamos a presentar estrategias que permiten desarrollar el sentido de la adaptación, otras concebidas para arbitrar conflictos, e incluso para extraer enseñanzas de un error o un fracaso. Por otra parte, vamos a evocar algunas generalidades a propósito de las relaciones humanas, cómo mejorarlas, cómo evitar el umbral de la ruptura, en fin, cómo producir un cambio, siendo siempre el objetivo la preocupación por comprender mejor la estructura de los comportamientos.

CAPITULO 7

Producir cambios y saber adaptarse

1. EL SENTIDO DE LA ADAPTACION

Usted pudo observar desde las primeras técnicas que abordamos que su puesta en práctica depende ante todo de nuestra aptitud para modificar nuestro comportamiento. Cuando no nos adaptamos a nuestro interlocutor no alcanzamos a entablar la relación y la situación se bloquea. Tener sentido de adaptación es saber adoptar el comportamiento adecuado a una situación dada.

En la enseñanza de la venta, se escucha a menudo decir al formador: "Cuando lo que hace no funciona, haga otra cosa"; usted seguramente tuvo ocasión de darse cuenta de que es mucho más fácil de decir que de hacer, en parte porque a menudo quedamos acorralados en una actitud que nos impide asumir otra.

Cuando nos preguntamos sobre el porqué de estos bloqueos, llegamos a evocar fenómenos de condicionamiento. Casi siempre alguien repite una conducta porque aprendió a hacerlo, su o sus experiencias iniciales de aprendizaje generaron una creencia, que a su vez generó filtros (los criterios y valores) que no permiten a quien los utiliza actuar de otro modo. Porque la persona encuentra en su entorno los elementos necesarios para consolidar la convicción, no puede comportarse de manera diferente.

Quien afirma: "No tengo suerte en la vida, nunca la tuve", se construye filtros específicos que lo mantendrán en una situación de fracaso. Peor aún, "evitará" todo lo que pueda aproximarse a la suerte porque encuentra su coherencia personal en el personaje del eterno perdedor.

"Una vez más ¿por qué?" Aunque pueda parecer cruel, la PNL nos lleva a pensar (lo mismo que procedimientos psicológicos como el Análisis transaccional) que el eterno perdedor encuentra un importante beneficio (a menudo inconsciente) en perpetuar su comportamiento de fracaso, y que no lo va a cambiar salvo que entrevea ventajas todavía más grandes en un cambio eventual.

Decimos que "todos los comportamientos tienen un sentido cuando se los estudia en su contexto". Esto permite comprender el cómo y el porqué en términos de estructura y de entorno, y cuando ese comportamiento nos concierne, encontrar en él la respuesta más apropiada.

Si usted cree que es posible el cambio, es porque ya cambió o porque pudo observar el fenómeno en alguien a quien considera como referencia. En este caso, usted posee ya cierto grado de flexibilidad; en el caso contrario, sólo le falta estudiar algunas características principales de la rigidez que vamos a evocar ahora.

La rigidez

Las personas que poseen este rasgo de carácter se reconocen de entrada por actitudes físicas de rigidez al nivel de la postura y los movimientos.

La voz suele ser cortante, seca y rápida, y el contenido del discurso le dará la ocasión de observar los siguientes rasgos distintivos.

1. Espíritu de contradicción

Es la actitud que consiste en contradecir sistemáticamente todo lo que afirma su interlocutor. Si la contradicción no puede formularse siempre, se revela al nivel no verbal.

Se trata de lo que denominamos en la PNL respuestas polarizadas. La persona que obedece a este programa opone un no a todo lo que escucha; advirtamos sin embargo que ello concierne solamente a la primera respuesta que se le ocurre.

De hecho, la persona que da respuestas polarizadas denigra todo lo que se le presenta, se muestra permanentemente insatisfecha y se fía sólo de sí misma, lo cual no facilita sus relaciones, porque hace todo lo posible por aislarse.

Es muy fácil actuar sobre alguien que presenta como rasgo dominante el espíritu de contradicción. Sabiendo que se opondrá a lo que usted diga, basta con proponerle lo contrario de lo que se desea, reaccionará oponiéndose y en consecuencia en el sentido que usted desea.

Si usted vacila entre dos restaurantes y la persona que lo acompaña presenta respuestas polarizadas, proponga el que le guste menos, seguro que termina cenando en el otro.

Por otra parte, si quiere desconcertarla, basta con formularle preguntas negativas: "¿No le parece?", o "¿No quiere cerrar la ventana?"; este modo de formular preguntas genera cierta confusión.

2. El "sí, pero" o la manía de los contrajemplos

Este caso difiere del anterior por el hecho de que esta vez la persona asiente, después se rectifica y manifiesta otra idea, o contradice lo que acaba de escuchar. Esta actitud es la clave de la actividad creadora; en efecto, los contraejemplos constituyen alternativas, opciones; en cambio cuando la persona los utiliza con exclusividad, atestigua una gran rigidez. Entonces la actitud "sí, pero" lleva a una insatisfacción permanente, caracteriza entre otros a los perfeccionistas y a veces los introduce en un círculo vicioso.

Del mismo modo que en el caso de las preguntas polarizadas, los contrajemplos no siempre se expresan verbalmente, entonces el calibraje permite descubrir la secuencia acuerdo-desacuerdo al nivel de la expresión no verbal.

Cuando usted presenta un proyecto a una persona que muestra esta actitud, usted puede pedirle que le dé todos los argumentos en contra: cuento con usted para que me diga lo que no marcha, y lo que habría que hacer. De esta manera, usted utiliza ese rasgo en lo que tiene de positivo: la creatividad.

3. El último en hablar tiene razón

En apariencia, esta actitud pertenece a personas que cambian continuamente de opinión y que pasan por ser fáciles de influir precisamente debido a su excesiva flexibilidad. Lo que sucede en esta situación es que la persona no puede decir que no. Por el contrario, aprendió a aprobar todo lo que le dice su interlocutor, y se pone a la altura de cada cual. No hace falta precisar que experimenta grandes dificultades para tomar una decisión personal; también les pasa a quienes usan el "sí, pero", aunque por razones algo diferentes.

Aquí el problema reside en el hecho de que la aprobación en presencia del interlocutor se ve desmentida en el sistema de creencias de la persona e incluso en el del interlocutor siguiente.

Esta actitud no reviste interés sino en contextos muy específicos; da una gran calidad de escucha, es característica de personas que entablan fácilmente contacto con otras, y de las que desempeñan con eficacia funciones secundarias cuando actúan en relación con una referencia muy sólida.

A menudo lo que deseamos conseguir de esas personas es una toma de posición personal o bien un "no" muy categórico, e intentamos en vano provocarlas hasta que surja una reacción. Como lo muestra Paul Watzlawick en *Changements*, se trata de añadir "siempre más de lo mismo", lo cual no hace sino consolidar a la persona en su comportamiento.

En la práctica importa descubrir esas actitudes con el fin de no dejarse entrampar y hacer prueba de la misma rigidez; sin embargo no hay un verdadero antídoto cuando se las descubre, salvo el hecho de saber reconocerlas.

Para adquirir o desarrollar el sentido de la adaptación, el punto de partida consiste en admitir que la primera respuesta que le pasa por la cabeza en una situación dada no siempre es la mejor. Es la respuesta de su propio programa (combinación de la organización interior, el estado interior, el comportamiento exterior, criterios y creencias), y no necesariamente tiene en cuenta al interlocutor.

Si usted ha tomado conciencia del hecho de que usted utiliza de modo preferencial los contraejemplos, puede diferir fácilmente su empleo y dar la respuesta que espera la otra persona en el contexto de esta interacción. Lo que importa de hecho es reconocer cómo funcionamos, y aprender a emplear otros programas en los contextos en que resulten pertinentes.

Lo que caracteriza la flexibilidad conductual o el sentido de adaptación es la aptitud para recurrir a las actitudes de un modo adaptado al contexto, y la de aprender de los errores. Para lo cual propongo una estrategia presentada por Leslie Cameron Bandler, David Gordon y Michael Lebeau en *The emprint method.*

2. APRENDER DE UN ERROR

1. Identificar el error

Es reconocer el resultado actual o pasado de una acción pasada, evaluar el sentimiento negativo que la acompaña y preguntarse si era posible actuar de otra manera.

2. La causa-efecto subyacente

Es establecer el vínculo causa-efecto entre lo que uno ha hecho y el resultado obtenido. Si la consecuencia no se pone en evidencia con claridad, hay que encarar el problema de otro modo. Sin duda no hay error según los criterios empleados en la acción.

Cuando existe el vínculo causa-efecto, falta preguntarse si uno hubiera podido actuar de otra manera. Lo cual implica en cada etapa una verificación con ayuda de comparaciones entre situaciones similares.

3. Establecer un causa-efecto adecuada

Cuando conocemos el resultado negativo y hemos podido establecer la responsabilidad de una conducta, se trata precisamente de definir cuál resultado se desea obtener en una situación futura comparable. Para hacerlo, resulta particularmente útil lo que sirve para identificar el objetivo, asimismo podemos asociarlo con la utilización de referencias exteriores (informaciones, amigos allegados, etc.).

4. La voluntad de llegar

Cualquiera sea el objetivo, no se lo puede alcanzar salvo que ofrezca más ventajas que reiterar el error. Sin embargo sigue siendo posible activar su motivación queriendo aprovechar una enseñanza. Del mismo modo que se pueden hallar las causas-efecto del error, las hay entre el comportamiento y la persona; ¿cómo ilustraría el refrán "sólo los imbéciles no cambian"?

La flexibilidad del comportamiento constituye la condición necesaria para poner en práctica las técnicas de la PNL. Cuanto mejor sepamos adaptarnos a un contexto, más posibilidades ganamos de alcanzar nuestros objetivos. Cuando llegamos a descubrir cómo funcionan nuestros interlocutores, nos colocamos parcialmente en el papel de espectadores de la interacción. El término PNL que designa esto es la metaposición, que significa ser el testigo, como en la distribución de papeles en los ejercicios donde hay un actor; un sujeto y un testigo. La metaposición nos ofrece la distancia indispensable para el manejo de una situación difícil, nos permite liberar de pasiones el debate y aportar soluciones que la emoción nos impide entrever.

Para ilustrarlo, a continuación encontrará algunos puntos de referencia útiles en situaciones de arbitraje de conflicto.

3. EL ABITRAJE DE CONFLICTO

1. Establecer un contacto positivo

Ya hemos estudiado antes cómo entablar contacto con un interlocutor, recordemos simplemente aquí que la clave esencial es el mimetismo conductual. Para que se dé el contacto de manera positiva se trata de instaurar un clima donde cada oponente esté seguro de poder expresarse y ser comprendido por la persona que desempeña la función de árbitro, y en consecuencia por el otro.

En tanto árbitro, el procedimiento a seguir sería idealmente hacer contacto personalmente con cada oponente, de modo de asegurarse la construcción de un clima de confianza entre ellos y usted. Cuando esto no es posible, le resta recurrir a sus aptitudes de observación con el fin de ponerse de acuerdo con cada uno.

Precisemos que se trata de sintonizar con cada cual, no de tomar partido por uno u otro, lo que tendría como resultado llevarlo a la incoherencia y perder la confianza de los dos.

Establecer el contacto en términos de la PNL es

acercarse al modelo de la realidad del interlocutor. En la conversación que sólo enfrenta a dos personas, el mimetismo conductual puede ser muy evidente sin por eso ser percibido a nivel consciente, como ya lo mostramos extensamente. En una situación en que usted desempeña la función de árbitro, la técnica de toma de contacto tal vez sea algo diferente porque usted no puede desempeñar dos papeles conflictivos sino de modo muy parcial y secuencial, so pena de incongruencia.

En un caso como éste, su función consiste en ir hacia la actitud de cada cual, sin hacer desaparecer sin embargo su propia actitud. La empatía no es realizable ni apropiada, y la técnica de mimetismo conductual no ha de concernir sino a la forma de comportamiento de sus interlocutores, pero con una reserva: no acepte acordarse sino con una forma de comportamiento compatible con su objetivo.

Seamos más precisos, se trata de evitar dejarse arrastrar por una actitud emocional, frecuente en caso de conflicto y que puede generar la agresividad. Por el contrario, es usted quien tiene que arrastrar a sus interlocutores a un estado interior y a un comportamiento exterior tranquilo y de objetividad, para que puedan ser constructivos y creadores en la búsqueda de una resolución del conflicto aceptable para todos.

De modo que la toma de contacto se establece así:

a) Observación de los datos conductuales

– postura;
– gestualidad;
– expresión del rostro;
– claves de acceso visuales;
– calidad de la voz (tono, ritmo, volumen);
– sistema de representación sensorial (elección de las palabras).

b) Mimetismo

– reflejo indirecto de la postura, de la gestualidad,
– acuerdo del sistema de representación sensorial.

c) Verificar el contacto

– cambiar de postura y observar el paralelismo;
– modificar la calidad de la voz y observar si el mimetismo se opera en sentido inverso.

La última etapa es primordial porque es ella la que permite saber hasta qué punto usted conduce el debate. Si sus interlocutores lo siguen puede estar seguro de que sus propuestas serán escuchadas, no sólo oídas. Usted ha logrado crear un clima de confianza entre usted y sus interlocutores, y es la señal de partida de una intervención eficaz.

2. La metaposición

Es la actitud que le permite situarse fuera del marco conflictivo, y por definición es el papel del árbitro. Estar en una metaposición significa poder comentar lo que sucede. Cuando según la teoría de los tipos lógicos (Bateson, Russell) se dice que el comportamiento no verbal es un metamensaje acerca del comportamiento verbal, quiere decir que se considera al comportamiento no verbal como un comentario del otro, lo cual permite detectar incongruencias entre los múltiples mensajes que emite una persona en su comunicación.

Las cosas nunca son tan simples ni tan claras en la práctica como lo explica Gregory Bateson en su obra *Vers une ecologie de l'esprit*; sin embargo esta distinción nos proporciona recursos para saber cómo situarnos en una circunstancia como la del arbitraje.

Cuando usted adopta una metaposición, tiene la

posibilidad de descubrir opciones de las que no dispondría si estuviera demasiado involucrado en el proceso conflictivo. Es una función que desempeña el asesor conyugal.

La ventaja de la metaposición es la de la distancia en relación con el problema, lo que puede resultar en una visión más global del conflicto. El objetivo del árbitro es lograr un acuerdo entre los oponentes; cuanta más información capte sobre el conflicto más fácil le será aportar soluciones.

El inconveniente de la metaposición es que puede alejarlo de la realidad subjetiva de los interlocutores. Ver las cosas desde demasiado lejos puede significar también no comprenderlas con el espíritu de los oponentes, y la eficacia del arbitraje depende esencialmente de su aptitud para mantener en los oponentes la certeza de que usted comprende bien sus respectivas posiciones.

Por eso la metaposición sólo es eficaz si es secuencial. Si usted dice: "Seguramente yo hubiera dicho lo mismo que usted en su lugar, sin embargo estoy seguro de que usted comprende que la coyuntura no me permite sumarme a la totalidad de sus reivindicaciones", sólo al final de la frase hace intervenir la metaposición ("la coyuntura... reivindicaciones"), y eso bajo la forma de un ensanchamiento del debate, como lo estudiamos en el menú de influencia. Los dos tercios de la frase consisten en mostrar a la persona que usted ha comprendido su posición, y la forma empleada es una reformulación seguida de una adivinanza (estoy seguro de que). Es el mismo principio que cuando se trata de manejar objeciones en el curso de una venta; en primer lugar uno tranquiliza al interlocutor, en segundo lugar aporta elementos nuevos.

La PNL nos enseña a adoptar la metaposición, mediante sus técnicas específicas nos propone los medios para estudiar a distancia y etiquetar los diferentes fenómenos y procesos de la interacción.

Cuando usted pone en práctica las técnicas de la PNL usted se coloca en metaposición desde el momento en que toma conciencia de la estructura de la comunicación de su interlocutor.

La metaposición es esencialmente una forma de funcionamiento de la persona que se expresa en sus respuestas a un contexto. Si usted le dice a alguien:

– ¿Quiere una manzana? Y esa persona le responde: "Es muy amable de su parte ofrecérmela", utiliza una respuesta meta, es decir, no responde directamente a la propuesta sino que hace un comentario sobre usted.

Si la persona le responde: "Preferiría una naranja", se trata de un contraejemplo.

En el mismo orden de ideas y para ilustrar un comportamiento frecuente, si usted recibe para su pregunta una respuesta del tipo de: "No, las manzanas son malas", es lo que denominamos una respuesta polarizada que ilustra una actitud de contradicción sistemática (véase un poco antes los rasgos característicos de la rigidez).

Por el momento, recordemos solamente que estos tipos de respuesta se presentan rara vez de forma aislada; lo más frecuente es encontrarlas de manera secuencial.

En un contexto de negociaciones o arbitraje, la metaposición, la aptitud para generar contraejemplos, constituyen herramientas creadoras y permiten ampliar las opciones en caso de conflicto.

3. La indexación simultánea

Además de la utilización de la metaposición, existe una actitud esencial cuando se quiere arbitrar eficazmente un conflicto o acudir en ayuda de alguien, se trata de la indexación simultánea.

Lo que en la PNL denominamos índice de referencia es el conjunto formado por los propios criterios (referencias) y los de otra u otras personas involucradas en la interacción. La organización de este índice indicará la distribución y empleo de las referencias. Globalmente, hay cuatro disposiciones:

—Uno mismo/Uno mismo

Esta organización sólo concierne a los criterios de la persona que se mantiene impermeable a los criterios de sus interlocutores.

—Desplazamiento

Así organizados, empleamos nuestros propios criterios para el otro, no tenemos en cuenta lo que piensa, experimenta o demuestra la otra persona. Esta actitud está en la base de los comportamientos de adivinación, es lo que otras escuelas de pensamiento denominan proyección.

—Permuta

En este caso, empleamos los criterios y referencias del otro para nosotros mismos, lo cual nos permite la empatía. Esta disposición nos permite experimentar lo que experimenta la otra persona. A veces esto puede resultar doloroso y poco eficaz. Cuando usted ve que alguien sufre, experimenta su sufrimiento y se vuelve incapaz de aportarle el menor alivio.

—La indexación simultánea

Es el objetivo del procedimiento de la PNL. Cuando funcionamos en indexación simultánea estamos en condiciones de experimentar la realidad de nuestro interlocutor, de emplear sus criterios, sus referencias, manteniendo la coherencia de los nuestros.

La indexación simultánea exige por una parte el conocimiento de los criterios y referencias que empleamos para dar un sentido a nuestra realidad subjetiva, y por otra la aptitud para reconocer los ajenos. Lo cual exige una gran flexibilidad tanto al nivel del pensamiento como del comportamiento, porque para lograrlo debemos ser capaces de hacer a un lado momentáneamente nuestros propios criterios.

Esquemáticamente, la indexación simultánea podría definirse como una utilización secuencial de todas las categorías de organización del índice de referencia.

En la práctica, para lograrlo, el procedimiento consiste en:

a) Tener un conocimiento muy exacto de los propios objetivos y de los criterios empleados en el contexto de la interacción en curso.

b) Desarrollar sus cualidades perceptivas con el fin de lograr un conocimiento preciso de los objetivos y criterios de las otras personas involucradas en la interacción. Para lo cual se emplea la observación y el interrogatorio de la estrategia de objetivo.

c) Tener presente el objetivo y volver a la metaposición cada vez que se impone una organización inapropiada del índice de referencia.

Si en un conflicto usted es objeto de ataques personales, puede volver a la metaposición mediante una redefinición del contexto: "Le recuerdo que estamos reunidos aquí para encontrar una solución...". Aquí la redefinición toma la forma de una interrupción del proceso.

Podemos comparar la interrupción del proceso con una forma de empleo del reencuadre. Se funda en una disociación, y se produce tanto a nivel verbal como no verbal. A veces el simple hecho de mirar el reloj basta para dar a entender que se está perdiendo el tiempo. Esta técnica muy eficaz evita extraviarse en el debate y lleva a cada una de las partes a reencuadrarse, a volver al objetivo; es de tanto interés para el árbitro del conflicto como para los oponentes.

4. Definir las funciones

Hasta ahora abordamos los puntos que conciernen a las actitudes. Antes de estudiar el contenido del conflicto, el árbitro debe definir con exactitud su función, sus objetivos y los de los oponentes.

El principio es simple. Los oponentes recurren a un tercero, cuya función es al mismo tiempo la de conciliar y traducir; será el puente entre dos posiciones opuestas. Llegado el caso, esto ha de expresarse y formularse con claridad y de diversas maneras para ser claramente comprendido en el lenguaje de los actores del conflicto.

La definición de los papeles reviste una gran importancia cuando existe entre los oponentes una diferencia jerárquica, porque actuamos en relación con la idea que nos hacemos del papel o función de la persona. Todos tenemos una suma de prejuicios, ideas recibidas en cuanto al comportamiento de la gente en función del lugar que ocupan en un organización, se trate de una empresa, una asociación o aun de la familia.

Si usted dice: "Un patrón tiene que actuar de tal y

tal manera", la manera de actuar que usted describe o a la que se refiere procede de diversas fuentes, principalmente de su experiencia y de informaciones externas (información mediática y/o experiencias vividas por otros). Estas diferentes referencias contribuyen a forjar una suerte de filtro que sirve para dar un sentido a sus experiencias. Todos actuamos así, pero pocos de nosotros tenemos conciencia de la existencia de esos filtros.

Cualquiera sea nuestra función en la organización social dentro de la cual existe el conflicto, somos ante todo personas; si fuéramos solamente funciones cualquier máquina podría reemplazarnos. Es este aspecto personal a través del papel lo que es oportuno enfocar. En tanto árbitro del conflicto, su tarea de definición de los papeles consiste en un primer momento en hacer como si los oponentes no se conocieran. Usted los presenta uno a otro en términos aceptables para ambos, con palabras que se adapten a cada uno. Lo importante es saber quién le habla a quién, y delimitar los territorios en función de los papeles, es decir, de saber con precisión lo que cada cual espera del otro en función del papel que representa.

Se emplea la misma estrategia de objetivo en la venta,[1] dado que la pregunta clave es: "¿Qué espera usted de ese producto?". Cualquiera sea el producto, usted tiene que conocer los criterios que aplica la persona para definir lo que espera.

Los conflictos entre las personas provienen casi siempre de una transgresión, real o no, de los límites de un papel que no siempre se definió inicialmente. Su papel de árbitro consiste en descubrir si hay diferencias entre el papel asignado y el papel real, cuál debe-

1 Véase el Capítulo 6.

ría ser la función de la persona, si se le ha precisado cuál era su tarea, y dónde estaban sus límites.

El hecho de definir bien de entrada los papeles, le permite en tanto árbitro ajustar a ellos a los oponentes cuando se aparten de los suyos, del mismo modo como usted tiene presente su objetivo, y cada vez que el debate se aleja a él, lo reajusta. Por otra parte, si los papeles están bien definidos, tiene la posibilidad, empleando el marco del "como si", de intercambiarlos el lapso necesario para que cada oponente tome conocimiento de la posición y objetivos del otro. Esta técnica no puede llevarse a cabo sino cuando las posiciones iniciales están definidas con claridad y cada oponente las acepta.

La pregunta clave a formular es: "Si usted estuviera en el lugar de su interlocutor, ¿qué diría?, ¿qué haría?, etc.". Esta pregunta sirve para que cada oponente logre una modificación de su punto de vista sin por eso tener la impresión de quedar descolocado, dado que eso sucede en un marco imaginario.

El procedimiento a seguir en la definición de los papeles es el siguiente:

– definir a cada persona en función de su papel. Para ser válida, su definición debe ser aceptada por el interesado;

– presentar a los oponentes uno a otro;

– determinar las expectativas de cada uno en función de su propio papel y del del otro;

– descubrir y explorar las diferencias que pueden existir entre los papeles asignados y los efectivamente representados.

La técnica que consiste en el intercambio de papeles sólo se emplea llegado el caso en el curso de la negociación.

5. Determinar objetivos comunes

Es la base de toda negociación y de todo arbitraje; también es una estrategia de venta que consiste en coordinar los objetivos del cliente y los del vendedor. Como la idea subyacente es siempre idéntica en cualquier caso, el objetivo del negociador es inducir a los interlocutores a convertirse en socios en lugar de ser adversarios.

Cuando se establece un contacto positivo real, los oponentes de un conflicto pueden guardar muchos rencores mutuos, pero ahora existe entre ellos un puente, un medio de comunicación que les permite un intercambio constructivo para encontrarle una solución al conflicto.

Para encontrar objetivos comunes hay que conocer previamente los criterios y su jerarquía;[2] son informaciones que le permitirán hacer una propuesta aceptable para ambos. Pero para que acepten esa propuesta ha de estar además bien formulada.

En esta etapa, usted necesita "olvidar" la inquietud por la precisión que hemos tratado de mantener a lo largo del procedimiento en cuanto a la manera de expresarse, porque usted no puede lograr de entrada un acuerdo inicial, básico, sino sobre la base de una propuesta presentada en términos suficientemente generosos y abstractos. Las sustantivaciones[3] se adecuan perfectamente a esta etapa de arbitraje. Si usted dice: "Estamos reunidos hoy para esforzarnos por encontrar una solución satisfactoria", difícilmente sus interlocutores lo contradigan. A continuación se trataría de determinar las modalidades de esta solución, pero por el

[2] Véase el Capítulo 5.

[3] Véase el metamodelo para el lenguaje.

momento basta con este término de solución, y sus interlocutores le dan un sentido en función de sus objetivos y criterios.

Recordemos que en este contexto como en la venta, es deseable evitar el recurso a términos catastróficos:

—Este producto no presenta ningún riesgo en su uso.

Usted aludió al riesgo, su interlocutor puede preguntarse qué clase de riesgo podría haber, y usted dice:

—Este producto es totalmente seguro.

No hizo más que evocar una ventaja, pero eso crea una diferencia enorme.

Existe una técnica de negociación que consiste en anunciar la consecuencia negativa de una acción,[4] de un objetivo. Puede resultar muy eficaz en un contexto apropiado porque se funda en una observación muy general del comportamiento que muestra que tendemos a ir más rápido hacia lo que nos conviene que hacia lo que nos trastorna. Ya hemos aludido a esto en el capítulo anterior.

Es oportuno vincular esta reflexión con lo que sabemos de la ecología de una acción, dado que todo comportamiento cobra un sentido en el contexto en que se manifiesta.

Desde el momento en que usted establece una propuesta inicial, es muy útil escribir sobre un pizarrón, porque cada vez que el debate se aparta del tema o toma un tono excesivamente apasionado, usted con un movimiento puede recordar a sus interlocutores por qué están allí, haciendo así un anclaje visual.

Está bien una propuesta inicial, pero mejor es lograr el acuerdo de sus interlocutores sobre una lista de puntos a tratar, porque a partir del momento en que

[4] Véase el menú de influencia en el Capítulo 5.

gracias a su mediación se ponen a elaborar esta lista, de hecho están trabajando juntos, cosa que usted, llegado el caso, puede hacerles notar. Asimismo, para lograr la cohesión de un equipo no se les pide a los participantes que tengan espíritu de equipo, sino que se les propone una tarea a realizar en común distribuyéndose los papeles, y cuando empiezan a trabajar juntos ya concretan una cohesión de equipo en un contexto determinado.

Una vez que usted ha establecido uno o más de un objetivo común, queda un punto por verificar, que es el modo como se organizan esos objetivos en el futuro. Usted ha de explorar la existencia o no de conflictos entre objetivos a corto plazo y objetivos a medio y largo plazo.

El papel de árbitro del conflicto va a intervenir al nivel de las implicaciones concretas de esos objetivos, y es a ese nivel que todo lo que usted ha observado y las técnicas que usted aprendió resultarán útiles, especialmente el uso del metamodelo, del menú de influencia, y de las estrategias de intervención aplicadas a la negociación.[5]

En determinadas situaciones ocurre que el conflicto no se puede resolver y se llega a la ruptura. Para comprender este fenómeno, evocamos la existencia de un límite, de un umbral que no se franquea sino en un solo sentido. Además, basta con que una de las partes franquee ese umbral para que la ruptura sea casi irreversible.

Le debemos a Richard Bandler haber explicitado el proceso fundándose en la experiencia de su propio divorcio y después en la de otras rupturas. Parecería que este esquema puede resultar válido en otros tipos de

5 Véanse los Capítulos 3, 5 y 6.

relación dado que, como lo muestra Edward T. Hall,[6] las relaciones, cualquiera sea su tipo, se basarían en un procedimiento de seducción.

Por su parte, Bandler se ha planteado la cuestión de saber cómo se puede hacer volver a sí al ser amado.

Para mantener relaciones armoniosas con nuestro medio profesional o privado, tenemos que conocer las recetas que lleven a su demolición. Están contenidas en la descripción siguiente:

4. EL ESQUEMA DE UMBRAL

A propósito de lo que algunos llaman amor, Bateson dice: "Es el contexto de todos los contextos".

Primera etapa: la atracción

Es la etapa en cuyo curso las personas se sienten mutuamente atraídas mediante equivalencias complejas (amar, amable...). También es cuando el hecho de estar con una persona es más importante que no estar con ella.

Se experimenta entonces una fuerte percepción de sí mismo, uno "sale de uno mismo", se ama más en presencia del otro.

Segunda etapa: apreciar al otro

Allí es cuando nos damos cuenta de que hemos conocido a una persona maravillosa y nace el deseo. El sistema de filtro lleva a apreciar todo lo que sucede, y

[6] Véase *Actuel*, diciembre de 1985.

entonces poseemos una gran flexibilidad que permite desarrollar múltiples equivalencias complejas. Entonces tendemos a generalizar una o dos de esas equivalencias y existe un sistema de selección, vemos la vida color de rosa, lo cual lleva a apreciar todo lo que hace el ser amado, incluso lo que antes no soportábamos en otra persona.

Tercera etapa: la certeza

La seguridad y las costumbres se instalan; hay vaivenes entre las etapas primera y segunda. Esto puede durar la vida entera, pero la mayoría de la gente pasa con mayor o menor rapidez a la etapa siguiente.

Cuarta etapa: las expectativas

Esperamos ciertas acciones del otro como si nos las debiera. Entonces nos damos cuenta de que falta algo. En esta etapa todavía es posible volver atrás. Generalmente, en esta etapa, la gente descubre equivalencias complejas negativas. Aparecen las desilusiones y cambia el sistema de filtraje, ya la vida no se ve color de rosa, sino más bien de color gris.

Quinta etapa: la decepción y la acumulación

Tratamos y tomamos en cuenta negativamente lo que hace el otro. Esta vez el filtro se ha invertido, y nos ponemos a detestar lo que amábamos en la segunda etapa. La balanza se inclina hacia el otro lado y llegamos al umbral.

El umbral

Cuando uno de los miembros de la relación ha superado el umbral, hay una inversión en los recuerdos, o más bien en el modo como son tratados. Es el final o el desenlace de la relación; las equivalencias complejas se encuentran invertidas, hay una disociación respecto del placer y una asociación con el sufrimiento: la ruptura es inevitable.

Sin embargo, no todo está perdido. Como cantaba Jacques Brel, *a menudo se ha visto resurgir el fuego de un antiguo volcán que se creía demasiado viejo*; a veces sucede que la relación puede reanudarse después de haber traspasado el umbral fatídico que acabamos de evocar. La condición necesaria sigue siendo el tránsito por un estado de neutralidad, seguido de un balance de lo que se aprendió en la experiencia.[7]

Para acceder a la neutralidad, se pone en marcha el antídoto del umbral, hay que instalar nuevos comportamientos para reanudar la relación.

5. EL ANTIDOTO DEL UMBRAL

Ejercicio 34: Individualmente o de a dos

– 1) Construya mentalmente una imagen inmóvil de la persona con la cual usted superó el umbral.

– 2) Ancle una situación de recurso.

– 3) Manteniendo el anclaje, visualice la imagen inmóvil, sabiendo que representa a alguien indepen-

[7] Véase un poco antes la estrategia para extraer enseñanza de los errores.

diente, distinto, separado de usted (la persona que practica el ejercicio).

— 4) Siempre manteniendo el anclaje, recuerde visualmente una experiencia agradable con la persona.

— 5) Ahora aleje esta imagen del pasado y sepárela de usted, es decir, de la persona que usted es hoy.

— 6) Imagine el futuro, ¿cómo actuaría usted en el futuro ante situaciones que podrían parecerse a las que usted conoció en el pasado? Verifique que el cambio está produciéndose.

Sugerencias para evitar llegar al umbral

— 1) Desarrollar múltiples equivalencias complejas que significan amor, es decir, múltiples maneras de sentirse amado.

— 2) Desarrollar la flexibilidad conductual de modo de evitar la pereza y la rutina.

— 3) Construir anclajes destinados a hacer resurgir los momentos positivos.

— 4) Hacer la lista de los criterios con su jerarquía, determinar las prioridades, definir con precisión dos o tres cosas que se consideran inaceptables.

— 5) Si el otro lo defrauda, decirle inmediatamente lo que hubiera debido hacer, y lo que tendrá que hacer la próxima vez para no defraudarlo.

— 6) Definir los criterios de una grave transgresión del contrato de la relación.

Leyendo esta lista de sugerencias, usted advertirá que subraya los puntos esenciales a respetar si queremos escapar a la rutina y preservar relaciones agradables con quienes nos rodean. Como lo muestra el esquema de umbral un poco más arriba, cuando se instalan las costumbres y expectativas surgen dificultades en la relación. En el tránsito a propósito del arbitraje del conflicto, los problemas suelen vincularse con la definición del papel y los criterios implicados.

Dicho esto, a veces nos encontramos bloqueados en situaciones donde por mucho que expresemos nuestros objetivos, nuestros deseos, nuestros interlocutores no son sensibles a ello y siguen reproduciendo el mismo comportamiento.

Usted puede tenerle mucho afecto a alguien y detestar su mala costumbre que consiste en no volver a tapar nunca el envase del dentífrico después de usarlo. Se lo ha dicho muchas veces, y en todos los tonos, pero es inútil. Si estudiamos ese problema en su contexto, la persona que está incómoda es usted, no el otro.

Este último no se siente concernido por sus recriminaciones, no le molesta en absoluto seguir dejando el envase sin tapa después de usarlo, porque de todos modos usted va después y vuelve a taparlo.

Para dar fin a este tipo de problemas tendrá que crear para esa persona lo que llamamos una experiencia de referencia que hará aparecer un nuevo criterio y un nuevo comportamiento.

6. CREAR EXPERIENCIAS DE REFERENCIA

Cuando evocamos la aptitud al cambio, sepamos que se funda en los siguientes factores:

- la asociación;
- la disociación;
- el reajuste de criterios;
- la creación o reajuste de estrategias.

Cuando en una persona se produce un cambio, ese cambio pone en juego uno o varios fenómenos. Alguien que cambia de opinión probablemente reajustó sus criterios, o modificó su jerarquía. Una persona que deja de fumar cambia al mismo tiempo de criterios, de estrategia y realiza asociaciones nuevas. Se da nuevos anclajes.

Estas cuatro características del cambio son aptitudes naturales del ser humano que le permiten adaptarse a las situaciones que se presentan. La PNL los aisló y estudió con el fin de usarlos, aplicando su presupuesto de que "comprendemos mejor lo que nos es familiar".

Si nos remitimos a las técnicas de reencuadre, de disociación visual-kinestésica y de reconstrucción del pasado que presentamos en el capítulo anterior, se deduce sin lugar a dudas que se fundan en estas aptitudes que son la asociación, la disociación, el reajuste de criterios, la creación o reajuste de las estrategias.

Recordemos también el hecho de que nuestros comportamientos resultan de la combinación o del programa generado por nuestros estados interiores, nuestra organización interior, nuestras creencias y criterios. En consecuencia, si queremos cambiar de modo duradero un comportamiento no basta con modificar sólo la apariencia o la manifestación exterior, sino también la creencia, es decir, el porqué que lo produce y mantiene.

Ese porqué, es decir, nuestras creencias, se construye en nuestra historia personal a través de ciertas experiencias particularmente importantes para la persona que las vive.

Una experiencia de referencia se caracteriza por el hecho de que casi siempre le basta una sola vez para crear en la persona que la vive una creencia (la referencia) que después producirá criterios y comportamientos cuyo objetivo es satisfacerlas.

En el Capítulo 5 habíamos mencionado la construcción de creencias subrayando que ellas se desprenden de experiencias de nuestra historia personal; al realizar el ejercicio siguiente, comprenderá cómo se forman sus propias creencias.

Ejercicio 35: Individualmente o de a dos

1) Complete la frase con algo que considere verdadero:

– Está mal...

2) ¿Cómo lo sabe?

3) ¿Cómo lo aprendió? ¿Cuál fue la experiencia determinante?

4) Complete las frases siguientes con algo que considere verdadero:

– Es imperioso...

– La gente debería...

5) Para cada frase, pregúntese cómo lo sabe y cómo lo aprendió (números 2 y 3).

6) Establezca los puntos en común de estas tres experiencias.

El objetivo de este ejercicio consiste en mostrarle cuál es el esquema típico que le sirve para construir sus creencias. Ahora, para poner en evidencia este esquema en los otros, bastan algunas preguntas:

– La gente debería ser más prudente en la ruta

– ¿Usted fue víctima de la imprudencia de alguien?

Esta información le permite comprender cuáles son para usted las condiciones necesarias de la experiencia de referencia.

Más allá de las diferencias individuales, se ha puesto en marcha un modelo que pone en evidencia las constantes de la experiencia de referencia, es decir, las condiciones requeridas para que una experiencia se convierta en referencia.

1. El concepto de sí

La condición esencial para que una experiencia se convierta en referencia en la vivencia de la persona consiste en el hecho de sentirse o no implicado. A este nivel, el concepto de sí desempeña una función decisiva.

El concepto de sí es la imagen que usted tiene de usted mismo cuando se define y da a conocer sus criterios. Cuando responde a preguntas como:

— ¿Qué es lo que no podría hacer?

— ¿Qué clase de persona podría hacerlo?

— ¿Qué es lo que no soporta en los otros?

Usted muestra cuáles son sus criterios y a través de ellos sus creencias. La experiencia de referencia implica de modo determinante el criterio de concepto de sí; de este modo la persona que vive la experiencia en cuestión puede sentirse implicada.

2. El sistema de representación sensorial

Usted tiene que tomar la palabra en una reunión, ¿cómo se siente comprometido en esta tarea?

— ¿Preparando lo que va a decir (diálogo interior)?

— ¿Imaginándose a sí mismo cuando habla (visual)?

— ¿Anticipando lo que va a experimentar (kinestésico)?

Se trata de conocer la jerarquía aplicada a la selección de las informaciones sensoriales. Uno de los tres sistemas será el más eficaz para presentar el mensaje destinado a construir la experiencia de referencia.

3. La información exterior

En la experiencia de referencia,[8] ¿había una persona que desempeñaba una función importante, alguien que le enseñó algo? ¿O su certeza procede de otra fuente de información (por ejemplo libros, filmes)?

El hecho de saber a partir de qué tipo de información exterior construye una persona su creencia le permite seleccionar el mensaje de su objetivo. En efecto, es diferente extraer certezas de los libros que de un gurú.

4. El efecto sorpresa

Cuando se produce el cambio, es porque la creencia inicial se ve desmentida por una experiencia nueva. En efecto, basta con un solo contraejemplo para que en el edificio aparezca una falla. Esto no significa sin embargo que una repetición de la experiencia sea superflua. El aprendizaje de un nuevo comportamiento puede realizarse de una sola vez, pero no siempre.

El efecto sorpresa que evocamos en el capítulo anterior completa los rasgos generales de la experiencia de referencia. Es un tema ampliamente ilustrado en las obras referidas al trabajo de Milton Erickson o en las de Paul Watzlawick a propósito de la paradoja.

Para conocer estos cuatro puntos, hay que observar a la persona porque la recolección de las informaciones le dará los medios para elaborar un proyecto de experiencia adaptado. Por otra parte, el modelo de generalización presentado en el capítulo anterior vendrá a precisar los datos ya recogidos.

Ante esto, usted debe plantear la pregunta de sa-

[8] Véase ejercicio 35.

ber si el otro quiere cambiar o no. En cambio, si la persona que se queja de ese comportamiento quiere cambiar a la otra, ha de empezar por cambiar ella.

Razón por la cual puede encararlo así:

– O bien dejar de realizar la tarea que quiere que lleve a cabo el otro, lo cual será duro; es muy posible que todavía prefiera ir detrás del otro poniendo en orden sus asuntos antes que verlos arrastrarse en desorden. Esto nos lleva a reflexionar sobre las ventajas secundarias y la ecología de una conducta aparentemente no deseada.

– O bien esconder la tapa del envase del dentífrico el día en que el usuario lo necesita para salir de fin de semana, o bien, si le prepara la valija, deslizar el envase tal como el otro lo dejó en el botiquín.

En ambos casos está provocando una molestia para que la persona se sienta comprometida por su propio comportamiento. Si esta molestia es suficiente, es decir, si la persona se siente realmente comprometida, la experiencia se convierte en experiencia de referencia. Si nos referimos al modelo de generalización, tal vez haya que repetir la maniobra para que la persona comprenda que ya no debe contar con otro que vele por su comodidad y se adapte a una situación nueva.

Si confrontamos el proceso de progresión del esquema del umbral podemos señalar esto: hay conflicto a partir del momento en que llegamos a la etapa en que la rutina se ha instalado y las expectativas de alguien resultan defraudadas.

Al provocar una experiencia que rompe la rutina, retrocedemos hacia etapas de seguridad del esquema del umbral.

Cuando varias personas comparten un entorno, suelen surgir dificultades si una de ellas parece no observar ciertas leyes que se imponen: llegar a tiempo, colaborar con las tareas domésticas, pedir la opinión de las otras cuando se trata de abrir una ventana o de subir la calefacción.

En estas situaciones, el procedimiento a seguir se resume así:

—¿Quién se queja, quién se siente incómodo?

—¿Cómo se puede comprometer al responsable?

—¿Qué puede hacer uno mismo para que el otro cambie?

A partir de estas respuestas se construye una situación o una estrategia de conversación; a veces incluso una sola frase basta para provocar el cambio deseado, lo mismo que con el reencuadre.

Es muy importante tener presente que nos adaptamos continuamente a nuestro entorno (todos los comportamientos, incluso los peores, se orientan a esa adaptación), de modo que si modificamos un elemento del conjunto el conjunto se modifica. En lo que hace al cambio, si queremos cambiar a alguien tenemos las mejores posibilidades de conseguirlo cambiándonos primero a nosotros mismos, es decir, disponiendo de una amplia gama de comportamientos.

Tuve oportunidad de observar en su trabajo a uno de mis practicantes, un vendedor de ropa. Se trataba de un hombre joven sumamente amable, ponderado, paciente, de carácter parejo, con buenas condiciones de escucha.

Enseguida me di cuenta de que su modo de ser no se adecuaba a todas sus clientas, algunas de las cuales esperaban ser asesoradas u orientadas con más decisión. Le expliqué eso a mi practicante, y encontré en él cierta reticencia cuando le pedí que diera su opinión a sus clientas. Como la mayoría de sus colegas, vendía como le gustaba que le vendieran a él.

Para convencerlo de que tratara de poner en práctica mis consejos, recurrí a una metáfora a propósito de la autoridad (estimaba mucho a su jefe y seguía sus consejos), pero sobre todo le hice imaginar la siguiente experiencia: una clienta entra en una tienda, se prueba dos vestidos y vacila. Evidentemente uno de ellos no le va, el vendedor se da cuenta pero no se lo dice. Después de dudar, la clienta compra justamente ese vestido, vuelve a su casa donde todos se pusieron de acuerdo en que el vestido no le iba. Ella saca varias conclusiones: en esa tienda no hay nada que le sirva, los vendedores son incompetentes y más vale no volver más.

Mi practicante tenía bastante experiencia como para ver en esta historia muchos puntos en común con lo que había vivido, y como para no dudar más en asesorar activamente a sus clientas llegado el caso.

Lo primero que hay que cambiar es el comportamiento del interesado para lograr cambios en los demás. Advertimos además que la experiencia no siempre necesita vivirse. En efecto, podemos construir creencias a partir de una información que consideramos exacta, aun sin haberla vivido.

Esto tiene varias explicaciones, entre ellas el fenómeno de generalización[9] y de aptitud para identificarse en las metáforas. Lo importante sigue siendo la intensidad del compromiso personal.

En este caso preciso, se podían haber empleado otros medios para llegar al mismo resultado: convencer al vendedor de ser más determinante en algunos casos, pero utilicé los recursos que me parecieron de más fácil acceso, es decir, su respeto a la autoridad de su jefe, su imaginación y su motivación de éxito en el trabajo.

[9] Véase el Capítulo 3, los universales de modelaje de la experiencia.

Dos puntos esenciales aparecen en todos los casos:

—Los otros sólo nos permiten marchar en su misma dirección, es decir, su margen de influencia se limita a lo que nos otorgan.

—Es ante todo cambiando nosotros mismos como hacemos cambiar a los otros, dado que nuestros comportamientos tienden a adaptarse a los contextos. Conscientes de eso, estamos en condiciones de influir, convencer o persuadir a otro de lo bien fundado de nuestras propuestas u objetivos, en la medida en que esa persona acepta dejarse influir, convencer o persuadir.

Cuando se quiere hacer cambiar de opinión a alguien, la técnica que empleamos más fácilmente se presenta como una contradicción o una avalancha de contraejemplos; ahora bien, no nos preguntamos bastante a menudo cómo es que esa persona puede estar segura de su opinión. Desde el momento en que conocemos los medios que forjaron la opinión, las experiencias y los ejemplos a los que se refiere la persona, poseemos las herramientas que nos ayudarán a suscitar un cambio.

Seguramente usted tuvo la ocasión de conocer en su entorno por lo menos a una persona que parece pasarse el tiempo quejándose, complicándose la existencia, y que termina por agotar la paciencia de aquellos con quienes habla. Cuando expresa su pesimismo o sus rencores, usted encuentra buenos contraejemplos para demostrarle que en realidad las cosas no son tan negras, que a pesar de todo puede tener varios motivos de satisfacción o esperanza, pero es en vano; pese a sus buenas intenciones su interlocutor sigue perpetuamente desesperado.

Si realmente desea ayudar a esa persona, en el próximo encuentro sígale la corriente, dígale que en realidad el mundo es todavía peor de lo que ella pretende, y se maravillará de ver cómo ella misma le da los contraejemplos a los que usted recurrió en la víspera.

El resultado está garantizado siempre que usted represente bien su papel. Esto se explica así: mientras usted responde de modo simétrico, es decir,polarizando la respuesta (usted llora, yo lo consuelo), sostiene ese comportamiento; a partir del momento en que usted da una respuesta inesperada o inhabitual, provoca un cambio, obliga al otro a adaptarse.

Del mismo modo, al dejar de contradecir a alguien que usa el espíritu de contradicción, lo obliga a cambiar de programa; como se siente aprobado, ya no tiene motivos para dar sus habituales respuestas polarizadas y entonces adopta otro comportamiento.

Nunca insistiremos bastante en la importancia decisiva que tiene una excelente definición del objetivo. En efecto, quien le cuenta sus innumerables desdichas seguramente no desea salir de ellas. Si usted intenta formularle preguntas sobre su objetivo,[10] sólo logrará respuestas confusas o ninguna respuesta, porque seguramente esa persona no va a confesar que su objetivo oculto es seguir quejándose y culpabilizando a los otros con sus problemas, tanto más cuanto que no es necesariamente consciente de eso.

Una persona que sostiene un comportamiento de cuyas coacciones acusa el golpe, satisface en realidad otro objetivo; por eso las soluciones que requieren las apariencias no resuelven nada, a veces contribuyen a apuntalar el problema. Aplicamos el mismo principio cuando en la venta tratamos de saber cuáles son las objeciones realmente fundadas y las otras. Por lo general existe una omisión que concierne a un vínculo de causa-efecto. Si una clienta objeta a propósito de un

10 Véase el Capítulo 3.

vestido: "Es demasiado llamativo", tal vez no se anima a decirle: "A mí me gustan los colores, pero sé que mi marido los detesta, y lo que más me importa es complacerlo". Tratando de resolver la objeción aparente, omitimos la otra.

Así, antes de emprender cualquier cosa con el objetivo de suscitar un cambio, es oportuno conocer a la perfección los objetivos de una y otra parte para actuar con eficacia respetando a la persona.

Conclusión

Este libro le ha presentado los fundamentos de la programación neurolingüística. Fue concebido a partir de prácticas de enseñanza y de la aplicación de este método en diferentes contextos profesionales. No pretende sustituir un aprendizaje del método fundado en la experiencia personal, sino que desea despertar su curiosidad y su deseo de conocer mejor este terreno. La enseñanza de la PNL se organiza para grupos de hasta diez personas en Europa, de cuarenta o cincuenta en Estados Unidos. En la mayor parte de las estructuras de enseñanza hay dos niveles: el primero, el del Programador, comprende la enseñanza de las técnicas básicas de psicoterapia. En este libro describí las mismas técnicas, pero en su aplicación a otros contextos. El segundo nivel, el Master Programador, profundiza, desarrolla y ensancha el campo de intervención del método. Del mismo modo, se enseña en relación con la psicoterapia, pero se lo puede considerar como más filosófico porque se interesa más por la subjetividad.

Por su flexibilidad y su facilidad de empleo, la PNL se adapta a la comprensión y resolución de toda clase de dificultades al nivel de la comunicación. De ninguna manera excluye otras aproximaciones psicológicas, pero viene a aportarles la importante contribución del rigor de un pensamiento que enuncia claramente sus presupuestos básicos y se funda en la observación y empleo de datos concretos.

Recordemos que la vocación de la PNL sigue siendo la comprensión de la experiencia subjetiva, el desarrollo personal logrado en el respeto de sí y de los otros, y el estudio de la comunicación humana. Los resultados de la aplicación de la PNL a la comunicación son apreciables, pero guardémonos de esperar milagros si queremos que el método mantenga su credibilidad, pese a la ambición de sus objetivos futuros.

En la actualidad, quedan por explorar muchos terrenos, algunos de los cuales ya son objeto de investigación, como por ejemplo la percepción subjetiva del tiempo o la reproducción de competencias. El equipo constituido por Leslie Cameron-Bandler, Michael Lebeau y David Gordon trabaja sobre modelos de adquisición de conocimientos y competencias, y ya escribió dos obras sobre el tema. Los interrogantes acerca del cómo del logro de tareas específicas en contextos precisos comienzan a encontrar respuestas, y pronto estaremos en condiciones de dar cuenta de la exploración de los territorios particulares de estas diferencias que hacen la diferencia entre las personas.